心をつかめば人は動く

人を導くチカラをつける27の心理学

Leading with Psychological Technics

フジモトマナブ

ナカニシヤ出版

Table of Contents

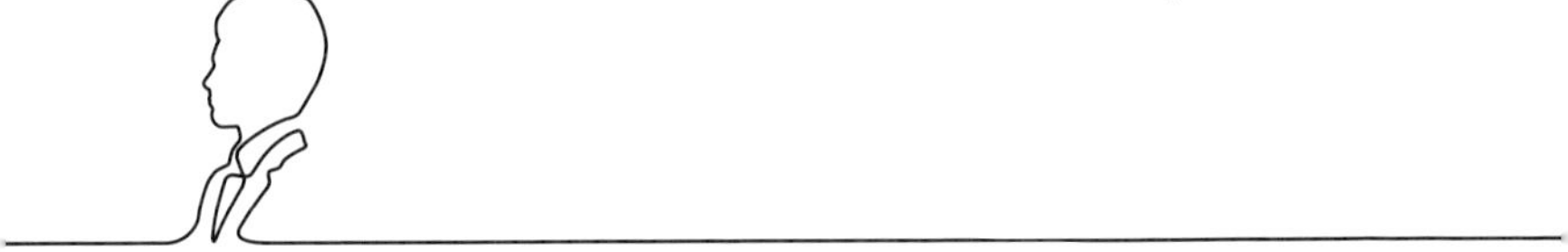

Chapter 2

Chapter 3 人をコーチする

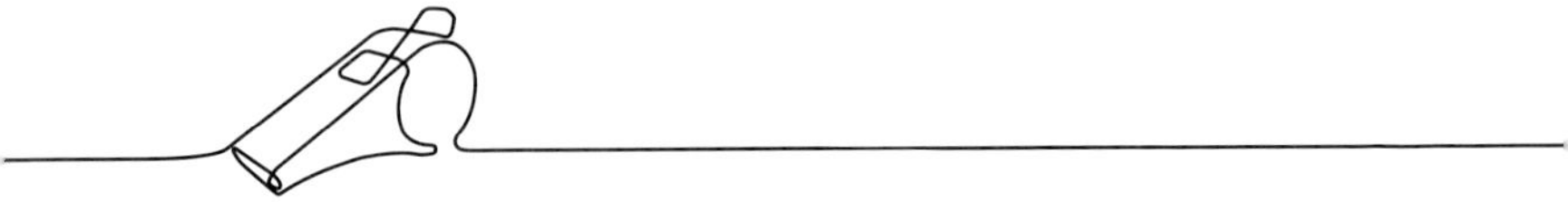

Chapter 4 障害を理解する

Chapter 5

人をリードする ―― 101

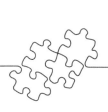

Chapter 7 チームで議論する

Chapter 9

組織を管理する

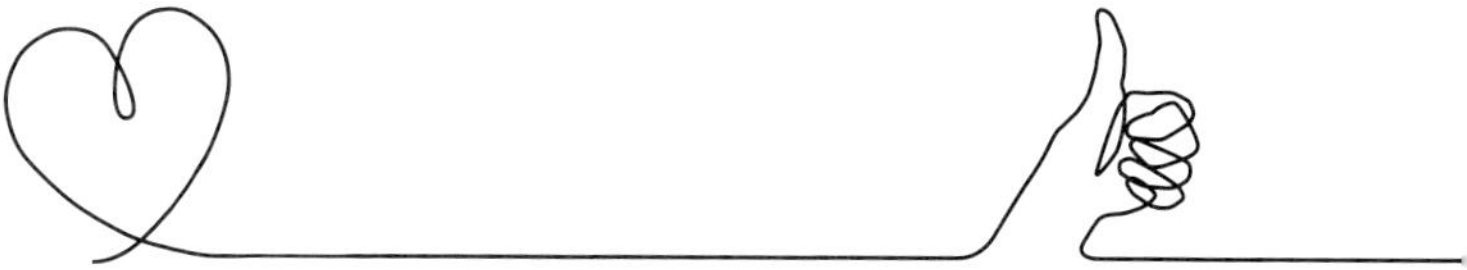

Chapter 1

自分を理解する

こういう人に

◉ 自分に自信がもてない

☞01 自分を受け入れることから始めよう

◉ 自分の長所がわからない

☞02 自分のポジティブな特徴を把握しよう

◉ 心理学は難しそう

☞03 テクニックは誰にでも身につけられる

01 自分を受け入れることから始めよう

1 自己啓発はみんな「自分」のせいにする

今、部下を教育したり率いたりすることに、何か悩んでいませんか？　また、これから人の上に立つときに、うまく導くことができるか不安に思っていませんか？

責任のある立場に就いている人は、人を育て率いていかなければなりません。**効果的に部下を教え育て、チームをまとめ率いるためには、テクニックが求められます**。これから、より良く人を導くためのテクニックを学んでいきましょう。本書が紹介するテクニックは、どれも心理学的な理論に裏打ちされたものです。

人を導くことに悩んでいる人の中には、「うまくいかない原因は自分にある」と考えている人もいるでしょう。しかしながら、それ以上に重要な問題があります。それは「相手の心を無視して、自分の指導や指示に従わせようとしている」ということです。

人の心理にうまく適った方法でなければ、相手はそれを受け入れようとはしません。逆にいえば、心理学に基づくテクニックを用いることによって、指導や指示を効果的に行うことができるということです。**テクニックは人を選びません**。自分を変えなくても、やり方を知りそれを実践していけば、誰でも必ず良き導き手になれます。「自分を変えなければいけない」という考えは、捨ててしまいましょう。

この本を執筆するにあたって、参考になるかもしれないと思い、ビジネス書や自己啓発本と呼ばれる書籍を何冊か読んでみました。どの本も、読み終わった後にとても良い気分になりました。小説を読み終わった後や映画館から出た時に感じる「ちょっと違う自分」を感じることができました。しかし次の日には、またいつもの自分に戻っていました。「そういう考え方もあるんだな」という程度で、これまでの考え方が大きく変わることはありませんでした。**一時的に自分が変わったような気持ちになれるというのが、ビジネス書や自己啓発本の効果**なのかもしれません。

私が読んだ本の多くは「自分を変えろ」といいます。「あなたに問題があるのだから、あなたが変われば世の中が変わる」という論法です。これは心理学的にも一理あります。みなさんは、この世界をありのままに受け入れているわけではありません。独自の世界観をもっており、そのフィルターを通して多くの情報を取捨選択し、世の中を認識しています。いつもネガティブに物事を捉えている人は、サングラスをかけて外を歩きながら「この世界は闇に包まれている……」と鬱々としているのです。サングラスをかけた目には、世界は暗く映るでしょう。また、人は自分を映す鏡でもあります。あなたの行動が不適切ならば、まわりの人間はあなたを評価せず、遠ざけようとするでしょう。

2　自分はなかなか変えられない

とはいえ、**自分を変えるのはとても難しい**ことです。人はそれぞれ異なる性格や才能をもっています。これらを総称して【パーソナリティ】といいますが、突き詰めれば脳神経のはたらき方の違いです。みなさんの性格が親と似ているのも、頭の回転や発想力が親譲りなのも、特定の神経伝達物質の分泌や吸収のしやすさが遺伝するからです。精神病や発達障害、人格障害も何割かの確率で遺伝します。もちろんその人がおかれた環境によってもその発現のしかたは左右されるのですが、遺伝によって、特定の脳部位が特定の機能不全を起こすのです。近年、ゲノム研究により、遺伝子と性格や精神病との間に関連性があることが明らかになりつつあります。遺伝するということは、みなさんのパーソナリティはある程度ハードウェア（脳神経）

的に固定されているということです。

「なぜ自分はすぐに腹を立ててしまうのだろう」とか、「なぜみんなと一緒に何かをしなければないときに、気持ちが沈み込んで逃げ出したくなるのだろう」などと悩んでいる人もいるでしょう。そんな自分が嫌になることもあるでしょうが、自分を責める必要はありません。「あなた」というソフトウェア（心）は何も悪くないのです。今まで内向的だった人が、明日から社交的になれるでしょうか。無理に装うことはできますが、精神的に大きな負担がかかります。また、賢くなろうと思って賢くなれたら世話はありません。逆に物事をつい考え過ぎてしまう人が「よし、あしたからバカになろう！」と思っても、急になれるわけがありません。そういう性分なのです。**あなたはあなたでしかない**のです。

パーソナリティに加えて、みなさんを形作っているのが「価値観」です。価値観は生まれながらのものではありません。みなさんが大人になる中で身に着けてきたものです。これを心理学では**【態度】**といいます。態度は「何かに対して肯定的に思うか否定的に思うか」という事物の捉え方です。少し難しい話になりますが、態度には「感情」、「認知」、「行動」という三つの側面があります。感情的側面は好きか嫌いか、認知的側面は良いか悪いか、行動的側面はするか（接近）しないか（回避）です。例えば、苦い薬をイヤイヤ飲むのは、「嫌い・良い・接近」という態度の現れになります。また、態度は関連した事物に共通しています。例えば、保守的な態度をもっている人は、自分の行動や習慣、政治などさまざまな事物に対して、なんでも従来通りが良いと考えます。この態度も、なかなか変化しないという性質をもっています。そのため、パーソナリティほどではありませんが、**態度も簡単に変えることはできません**。

3　やる気がなければ意味がない

相手の態度を変えるには、説得しなければなりません。説得を受けたときに、そのメッセージをどのように受け取るかには、二種類の方法があります。それは、さまざまな情報を詳細に吟味する【中心ルート】による処理と、なんとなく雰囲気や勢いで判断してしまう【周辺ルート】による処理です（図1・1）。

　衝動買いやなんとなく気に入ったからという理由で購入した場合は、周辺ルートの処理です。安請け合いもこれに当たります。**周辺ルートによる説得の効果はその場限りで、態度を持続的に変えることはできません**。そのため、説得の効果はすぐになくなり、元に戻ってしまいます。

あなたがこれまでに受けたお説教や、これまでに読んだ自己啓発本を思い出してみてください。

明確な根拠を挙げず、利点をアピールしたり不安を煽ったりしたものはありませんでしたか？　これは周辺ルートの説得になります。考えさせず、自分の主張を鵜呑みにさせようというのです。詐欺やセールスなどでは、相手に周辺ルートで判断するように仕向けるテクニックが用いられます。うまく乗せられないように、十分に気をつけましょう。

一方、家や車などとても高価なものを購入するとき、あなたはカタログやインターネットのサイトを見比べ、性能やデザイン、価格などを入念に検討すると思います。これが中心ルートの

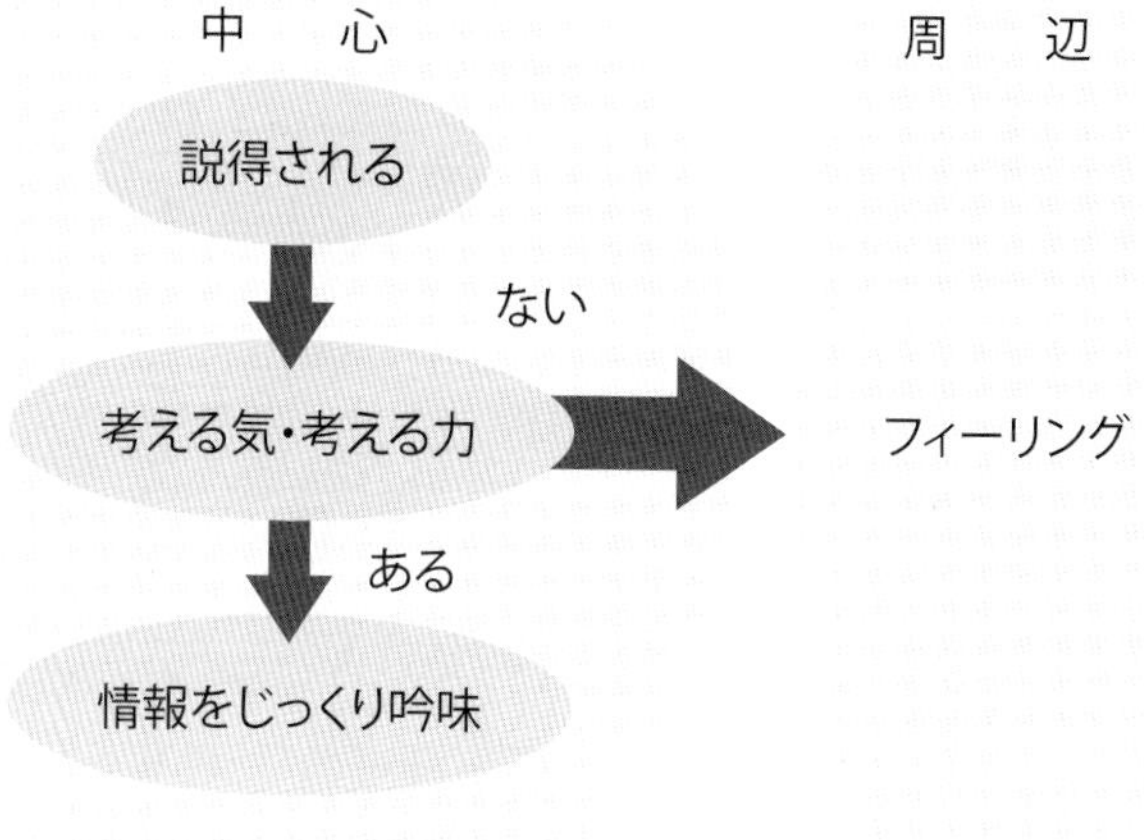

図１・１　精緻化見込みモデル

処理です。**中心ルートによる説得メッセージは、長い間心に残ります**。良い点・悪い点について、多様なデータや理論を示して説得してくる人は、あなたに何をするべきか、何があなたにとってプラスになるのかについて、中心ルートでしっかりと考えるように促しているのです。

ただし、**言われたことを実際に継続して行うかどうかは、また別の話です**。中心ルートで説得されて、「それは素敵だな」と感情面が変化したり、「それは大事なことだな」と認知面が変化したりしても、「よし実際にやっていこう！」と、行動面の変化が起こらなければ意味がありません。説教や自己啓発本は、今までしたくなかったことをするように説くわけですから、なかなか実行に移す気にならないのも仕方ありません。

その点、本書で紹介するテクニック群は、これまであなたが知らなかっただけですから、やりたくないという心理的な抵抗ははたらきません。むしろ、**初めて知ったことをその通りにやってみたら得をするんだと思えば、「よしやってみよう！」という気持ちになります**。

02 自分のポジティブな特徴を把握しよう

1 あなたは誰？

自分を変えなくても構いません。むしろ変えないでください。全ての原因を今の自分のせいにして、それを変えないと世の中は変わらないと思い込むと、「自分自身を価値のある人間であると認め、大切な存在であると思う気持ち」が損なわれてしまいます。この気持ちを【自尊感情】といいます。**自尊感情が低くなると、自信がもてず行動意欲が低下してしまいますし、ついには心の病に侵されてしまうこともあります。**

「今の自分を変えよう」と思うあまり、自分をつぶしてしまっては元も子もありません。**今いる場所から一歩でも前に進むために、ありのままの自分を受け入れてしまいましょう。**自己受容できてはじめて、人は変わることができます。自分を受け入れるためには、まずあなたが自分自身をどのように認識しているのかを、明らかにする必要があります。ここでちょっとテストをしてみましょう！　次のページの「Ｗｈｏ ａｍ Ｉ」テストに答えてみてください。

⑪ 私は ______________________________

☐ 私は ______________________________

⑫ 私は ______________________________

☐ 私は ______________________________

⑬ 私は ______________________________

☐ 私は ______________________________

⑭ 私は ______________________________

☐ 私は ______________________________

⑮ 私は ______________________________

☐ 私は ______________________________

⑯ 私は ______________________________

☐ 私は ______________________________

⑰ 私は ______________________________

☐ 私は ______________________________

⑱ 私は ______________________________

☐ 私は ______________________________

⑲ 私は ______________________________

☐ 私は ______________________________

⑳ 私は ______________________________

☐ 私は ______________________________

Kuhn, M. H., & McPartland, T. S. (1954). An empirical investigation of self-attitudes. *American Sociological Review*, 19, 68–76.

「私は」から始まるあなたを表す 20 の文を枠の上段に作ってください。次に、ネガティブな文にチェックし、下段にリフレーミング（☞ 13 頁）してください。

① 私は ______________________

□ 私は ______________________

② 私は ______________________

□ 私は ______________________

③ 私は ______________________

□ 私は ______________________

④ 私は ______________________

□ 私は ______________________

⑤ 私は ______________________

□ 私は ______________________

⑥ 私は ______________________

□ 私は ______________________

⑦ 私は ______________________

□ 私は ______________________

⑧ 私は ______________________

□ 私は ______________________

⑨ 私は ______________________

□ 私は ______________________

⑩ 私は ______________________

□ 私は ______________________

さて、二〇個の「私」が出そろいました。それではその中から、自分の内面的な情報（性格、今の感情、能力、価値観、考え方、過去の自分、将来の希望など）に関する記述を数えてみてください。いくつあったでしょうか？

もしも表面的な情報（名前・出身・所属・役割・立場・外見など）ばかり挙げていたら、あなたは自分の内面にあまり意識を向けず、自らを肩書きや人からの評価で捉えていることになります。その所属先を辞めたり、その関係や肩書を失ったりしたら、あなたはたちまち自分を見失ってしまいます。**自らの本質を理解するために、自らの内面に意識を向けるようにしましょう**。

次に、先ほど数えた内面的な記述のうち、ネガティブな内容のものにチェックしてください。チェックが終わったら、ネガティブな自己に対する記述をポジティブな表現に言い換えてみましょう。例えば、「私は神経質だ」であれば、「私は繊細で神経がこまやかだ」、「私は過去のことをくよくよ考える」であれば、「私は過去の失敗を忘れずしっかりと反省する」となります。また、「できない」は、未来視点に変えれば、「今はできないけれど、これからうまくできるように変わろうとしている」ということです。したがって、「私は〇〇をうまくできない」であれば、「私は〇〇を今よりもうまくできるようになりたいと思っている」と言い換えることができます。

自己の内面に関する否定や禁止の表現を、ポジティブな表現に改めるのです。このような、思考の枠組みを肯定的なものに改めるテクニックを【リフレーミング】といいます。全てをポジティブな表現に改めることができましたか？

リフレーミングを通してポジティブな表現で言い換えられたあなたを、本来のあなただと考えてみましょう。

謙虚さが裏目に出て、自分のことを悪く言う癖がついている人は少なくありません。ポジティブに言い換えるのは気が引けたり、恥ずかしいと思ったりするかもしれません。人付き合いの中では謙虚な姿勢も必要ですが、自分の評価まで謙虚になっても仕方ありません。自らを肯定的に受け入れられなければ、うまくいくものもうまくいきません。ですから、**ポジティブに自分を肯定する癖をつけましょう。**

2 自らの強みを活かせ！

「Who am I」テストによって、あなたはありのままの自分をポジティブに捉えることができました。それでは、あなたの強みは何でしょうか？

その人が元来もっている強さや力のことを、心理学では【ストレングス】といいます。**自ら**

のストレングスを自覚しておけば、あなたが何らかの問題に直面したとしても、自分には何ができ何をするべきか、迷わないで済みます。

それでは、次のページのストレングス・テストの質問項目に答えてみましょう。

代表的なストレングスとして、四八種類が挙げられています。これらを用いて私が調査・分析したところ、①「献身性の高さ」、②「公明正大さ」、③「思慮深さ」、④「意欲の高さ」、⑤「ポジティブさ」、⑥「親しみやすさ」、⑦「有能さ」、⑧「頼もしさ」、⑨「剛毅さ」、⑩「感性の豊かさ」という一〇種類のカテゴリー（因子）に分かれました。各カテゴリーの上位三項目を集めたのが、左のページのテストです。

あなたは生きていく上で力となる強みを、いくつもっていましたか？

カテゴリーごとにみると、自分の強みを把握しやすいでしょう。三つのうち○が一つならば「そこそこ」、二つならば「かなり」、三つ全てならば「とても」、その強みをもっていることになります。一〇種類のストレングスを、全てもっている必要はありません。**人はみな、強みをもっていると同時に弱みをもっています**。うまくいかないときや苦境に陥ったときは、自分の強みを十分に発揮できていないのかもしれません。自分の強みを活かして、うまく立ち回るようにしてみましょう。

自分がもっていると思う強み（うまく生きていくための力）は何ですか？
30種類のストレングスのうち、当てはまる項目に○印を付けてください。
次に3つのうちいくつ○をしたかを、下線部に記入してください。

◎献身性の高さ	＿＿個
私は愛情深い	□
私は人を護ろうとする	□
私は人を支えようとする	□

◎親しみやすさ	＿＿個
私は陽気である	□
私は他者と密接に関わる	□
私は他者と友好的に接する	□

◎公明正大さ	＿＿個
私は公平である	□
私は寛大である	□
私は誠実である	□

◎有能さ	＿＿個
私には実力がある	□
私は技能に秀でている	□
私は才能が豊かである	□

◎思慮深さ	＿＿個
私は慎重である	□
私は礼儀正しい	□
私は思慮深い	□

◎頼もしさ	＿＿個
私は人の役に立つ	□
私は自立している	□
私は頼りがいがある	□

◎意欲の高さ	＿＿個
私は精力的である	□
私は熱心である	□
私は勤勉である	□

◎剛毅さ	＿＿個
私は勇敢である	□
私は力強い	□
私には冒険心がある	□

◎ポジティブさ	＿＿個
私は前向きである	□
私には心にゆとりがある	□
私は立ち直りが早い	□

◎感性の豊かさ	＿＿個
私には創造力がある	□
私は面白い	□
私は感受性が強い	□

このテストは、St Luke's Innovative Resources 社の Strength cards を参考に、著者が独自に行った調査の結果を踏まえて作成したものである。

3　常に自分に注意を向けよう

「パーフェクトな人間でなければならない」と考える人がいます。こういう発想をする人は、【完全主義的パーソナリティ】の持ち主です。完全主義の人は、自尊感情やストレスといった心理状態が悪く、社会への適応状態も芳しくありません。「自分はダメな人間だから変わらなければいけない」という発想も、この完全主義が一因です。強みと弱みの濃淡があなたらしさです。それをそのまま受け入れた上で、自分の強みを活かすようにしてください。**あなたの強みや長所を意識して、それをさらに伸ばしていくという発想をもってください**。

どうでしたか？　今まで自分の否定的な側面にばかり目を向けていた人も、「Ｗｈｏ ａｍ Ｉ」テストやストレングス・テストによって、自分のもつ肯定的な側面を自覚できたと思います。

これらの結果は、机など常に目にするところに貼っておいてください。携帯電話やスマートフォンの待ち受け画面にしても良いでしょう。普段、人は自分をあまり意識せずに生きています。「頑張ろう」とか「こうしよう」と思っていたことをついつい忘れてしまうのも、日々の生活の中では自分になかなか注意を向けられないからです。ところが、自分の姿や声などを見たり聞いたりすると、一気に自分に注意が向きます。これを【客体的自覚状態】といいます。**人は自分に注意が向くと理想的な行動を取ろうとします。**自らのポジティブな特徴や強みを書いた紙は、あなたを映す鏡の役割を果たします。ですから、自分のポジティブな側面を自覚するために、よく目にするところに置いて欲しいのです。

03 テクニックは誰にでも身につけられる

1 心理学の技術者になろう

先日、授業の間の休憩時間に、七〇歳近い老先生と雑談をしていました。授業テクニックも素晴らしく、雑談していてもとても楽しい先生ですが、強い信念をもっておられるため、少々近寄りがたい印象を人に与えるかもしれません。その老先生から、「誰とでも仲良くなれますね」と言われました。実際の私は人見知りですし、たくさんの人に囲まれているよりも一人でいる方が気が楽なタイプです。細かいことにすぐ気がついて、不安になったりイライラしたりする性格です。人に好かれるようなパーソナリティも、人を惹きつけるような魅力ももっていません。授業内で、たまに「私は人間が嫌いで……」などと、右に書いたような自己評価を口にします（これは自虐癖があるわけではなく、**「世渡りはテクニック次第だよ」**ということを学生にわかってもらうために、敢えて言っています）。すると、学生は授業の終わりのミニレポートに、「嘘だろう」とか「ネタにしか聞こえない」と書いてきます（中には本気で心配してアドバイスしてくれる学生もいます……）。本当の自分とまわりから見えている自分には、大きな隔たりがあるようです。これはなぜでしょうか？

私が「誰とでも仲良くなれる人だ」とか、「面白くて社交的な人だ」と思われるのは、私が心理学のテクニックを使っているからです。私の専門は広い言い方をすると社会心理学、狭くいうと対人行動学です。その中でも、コミュニケーション・スキルやグループ・ディスカッションを研究テーマにしています。私のような人間でも、**心理学で実証されている諸理論を使えば、年配の先生や同僚、学生たちにウケることができる**のです。

02において、世の中をうまく生きていくためには、自分を受け入れることが先決だと述べました。悪い面や嫌いな面もあるでしょうが、開き直ってあるがままの自分を受け入れてしまいましょう。その上で、世の中をうまく生きていくためのテクニックを身につければよいのです。

それも個人の体験に基づくノウハウではなく、心理学の理論に裏打ちされた根拠のあるテクニックを身につけるのです。どのような性格の人でも、勉強すれば自動車整備技師になることができます。同様に、**どのような人でも心理学の技術者になることができるのです！**

ただし、心理学といっても多種多様です。本書は、その中でも責任ある立場になったときに有用な対人行動のテクニックに焦点を当てます。友人関係や恋人関係など、「人と仲良くなる方法」に関するテクニックが知りたければ、ぜひ出版社にご要望ください。ですが、「なかなか友だちができない」とか、「恋人ができない」といった悩みは、本人が我慢すれば何とかなることです。しかしながら、内向的な性格やうまく人とコミュニケーションが取れない人でも、いずれは上司や先輩として部下や後輩を指導し、リーダーとしてメンバーを統率する立場になることもあります。親として子どもを育てたり、教師として生徒を教えたりする人もいるでしょう。**人を導く立場に立ったら、あなたの問題はあなただけの問題ではなくなります**。あなたの後輩や部下、子ども、生徒など、あなたが導くべき多くの人たちに迷惑がかかってしまいます。ですから、人を導くことの優先順位は、プライベートな人間関係よりもはるかに高いのです。

2　大切なことは実践で活用すること

本書が第一に想定する読者は、公私にわたってさまざまな責任のある立場に就いている人です。三〇代・四〇代になると、家には子どもがいて子育てに追われ、会社では部下がいてその監督・指導を任され、またチームのリーダーとしてプロジェクトを推進する人も多いでしょう。このような責任のある立場に就いている人にとって有用なテクニックを、**実践で使える形でわかりやすく紹介していきます**。

心理学と聞くと難しいという印象をもたれる方もいるかもしれませんが、本書は心理学とは無縁な方でも理解できるように心がけて執筆しました。本書の元になったのは、大学で開講している『現代の教育』という授業です。この科目は「教育」に関することであれば、内容は担当者の裁量にある程度任されています。そこで私は、学生が社会という大海原に乗り出す時から必要になる「人を導くテクニック」とその理論を、心理学を専攻していない学生たちに知ってもらうための授業を作りました。

現在、複数のクラスを担当していますが、どれも多くの学生に受講してもらっています。授業で学んだことを、実際に部活やサークル、塾講師やショップのアルバイトなどで使ってみたら、後輩や指導生から慕われるようになったり、業績が良くなったりしたと報告をしてくれた学生はこれまでに何人もいます。

ただ本を読んで、「へー」っと物知りになるだけでは意味がありません。おそらく一週間後にはほとんど忘れてしまっているでしょう。もしも覚えていたとしても、単に概念や理論を暗記するだけの心理学は何の意味もありません。実践に役立ってこその心理学です。テクニックを学んだら、実際に自分の身の回りで使うようにしてください。必ず効果を実感することができるでしょう。**効果を実感したテクニックは、自分の血となり肉となって生涯忘れることはありません。**

心理学は、みなさんが思っているよりもはるかに多くの領域にまたがっています。本書は対人行動学、集団力学、社会心理学、臨床心理学、発達心理学、教育心理学、学習心理学、認知心理学、コーチング心理学、産業心理学、組織心理学など、**心理学の幅広い領域から「人を導く」ことに関する実践的な理論とテクニックをまとめました。**「人を導く」ということに関していえば、この本さえあれば他の心理学書はいらないと思います。

3　心の理を学ぶということ

最後に、心理学という学問の性質について、予め断っておこうと思います。物理学が物の理に関する学問であるのと同じように、心理学は心（行動）の理に関する学問です。その目的は、「多くの人がそのような行動をする」という人間の行動法則を明らかにすることです。「多くの人が」というところがポイントになります。心理学は統計学を利用して、九五％より高い確率で実証された仮説のみを採用し、五％以上の確率で誤っている可能性があれば棄却してしまいます。かなりシビアな基準ですが、一〇〇％ではありませんので、心理学の理論には必ず例外が存在します。

例えば、04において、人をやる気にさせる上で重要な欲求階層説について紹介します。この説は、人間の欲求にはランクがあり、人は「お腹が空いた」とか「眠たい」といった低次元の欲求から順に満たしていくことで、最終的に「自己実現したい」という崇高な欲求をもつようになるという内容です。この論に対して、「段階通りに進まないことがある」とか、「複数の段階の欲求を同時にもつこともある」といった指摘があります。心理学の研究方法からして、人類全体に当てはまる理論や法則などありえませんので、そういった例外があるのは当然です。

また、人間の行動は個人差や文化差の影響を受けます。さらに、同じ人でも置かれている環境が変われば行動も変わります。その中で最大公約数を求めたものが、心理学の理論や法則なのです。**心理学の行動法則は全て確率的なもので、例外も存在する**ことを、一応は頭の片隅に留めておいてください。

さあ、それでは**心理学のテクニックを身に着けて、人を導くプロフェッショナルになりましょう！**　本書には、責任ある立場に就いたときに使える心理学のテクニックがたくさん詰まっています。最初から通して読んでいくことをお勧めしますが、そのときの悩みや自分の立場に応じたセクションを探して読んでいただいても構いません。本書で手に入れたテクニックを実践の中で活用することが最も重要です。「試しにやってみよう」という気持ちで、積極的に活用してください。

一つ勘違いしないで欲しいことは、本書が紹介するテクニックは、人心掌握術ではないということです。人心掌握術とは、人を誘導する小手先のテクニックを用いて、相手を自分の都合の良いように操ることです。一方、本書のねらいは、これから紹介していくテクニックを用いて、組織にとって、またその人自身にとって、より良く行動するように導くことです。それも強制的にではなく、相手が自らの意志で行動するように促すのです。本書のテクニックも人心掌握術も、使用する知識の多くが重複しています。しかしながら、相手にとって薬として用いるのか、毒として用いるのかで大きく異なります。「ありのままの自分を受け入れよう」と述べましたが、できれば責任のある立場として、本書のテクニックを、自分だけが得をするためではなく、相手も得をするために用いるという発想をもつようにしてください。**「自分のために」という発想を「相手のために」と変えるだけでも、人はあなたを信頼してついてきてくれるようになります**。

本書は一つ、またはいくつか（例えば七つぐらい）のメッセージやアイデアを、二〇〇ページ以上を費やして説明するものではありません。そのため、「一読してエッセンスを得ることができた！」とはなりません。「こういうことに困ったけど、どうすればいいんだっけ」と、その都度読み返すタイプの本です。そのため、本書は永くあなたの本棚に置かれることになると思います。**「順調なときは本書があなたを見て、困ったときはあなたが本書を見る」**という関係を、本書があなたと築くことができれば幸いです。

Chapter 2

人をやる気にする

こういう人に

◉ やる気って何だろう？
☞04 やる気のメカニズム

◉ やる気にさせる方法は？
☞05 人をやる気にさせるには

◉ 自信をもたせる方法は？
☞06 自信をもってもらおう

04 やる気のメカニズム

1 成功のカギは社会的欲求にあり

何事も「やる気」が肝心です。しかしながら、自らやる気になりそれを維持するのは、なかなかできることではありません。そのため**人を導くリーダーは、メンバーをやる気にさせるテクニックに精通していなければなりません**。やる気とはモチベーションのことです。心理学では【動機づけ】といい、人がある目標に向けて行動を起こそうとするエネルギーになります。

職場でも、やる気やモチベーションという言葉をよく耳にすることでしょう。慣れないうちは「言われた仕事を言われたようにできること」を求められます。それが徐々に仕事にも慣れてくると、今度は「自分で考えて仕事をすること」を求められるようになります。しかしながら、やる気がなければ、誰も自ら考えて取り組もうとはしません。「指示待ち人間」という言葉があります。部下や指導生がこのような人間になってしまったら、あなたはやる気のある人材の育成に失敗したと思ってください。本書の極意は、「**相手にいちいち指示しなくても、自**

ら目標に向かって行動するように促す」ことにあります。

人をやる気にさせるテクニックについて学ぶ前に、まずは動機づけのしくみについて理解しましょう。どのようなテクニックも、そのメカニズムを理解していなければ効率的に使うことはできません。

意外かもしれませんが、やる気は「欲求不満」から始まります。人は強い欲求不満に陥ると、誰もがそれを解消しようと思います。この「今よりも良い状態にしたい」という欲求が、動機づけの源泉です。動機づけは、欲求を満たそうとする心の働きに他なりません。

一言で欲求といっても多種多様ですが、大きくは「一次的欲求」と「二次的欲求」に分かれます。一時的欲求は「おなかがすいた」、「のどがかわいた」、「ねむたい」など生命活動を維持したり、身の安全を図ったりしようとする、誰もが生まれつきもっている【基本的欲求】です。

一方、二次的欲求は「達成感を得たい」、「他者と仲良くなりたい」、「人にとやかく言われたくない」といった、人が育つ中で身に着けてきた【社会的欲求】です。**組織や集団において活躍するためには、社会的欲求が必要不可欠です**。社会的欲求が低いと向上心や上昇志向が生まれず、現状に甘えて成長しようとはしません。

2　衣食足りて礼節を知る

前項を読むと、「お目当ての社会的欲求を刺激してやれば人はやる気になる」と思われるかもしれません。しかしながら、何事も順序というものがあります。社会的欲求にも、それまでに満たしておかなければいけない欲求があります。「衣食足りて礼節を知る」ということわざがあります。人は物質的に満たされて初めて、礼儀や節度をもつようになるという意味です。古来より民衆を治める統治者たちは、**人間の欲求には順序がある**ことに気づいていました。これに対応する理論が心理学にあります。それが**【欲求階層説】**です（図2・1）。

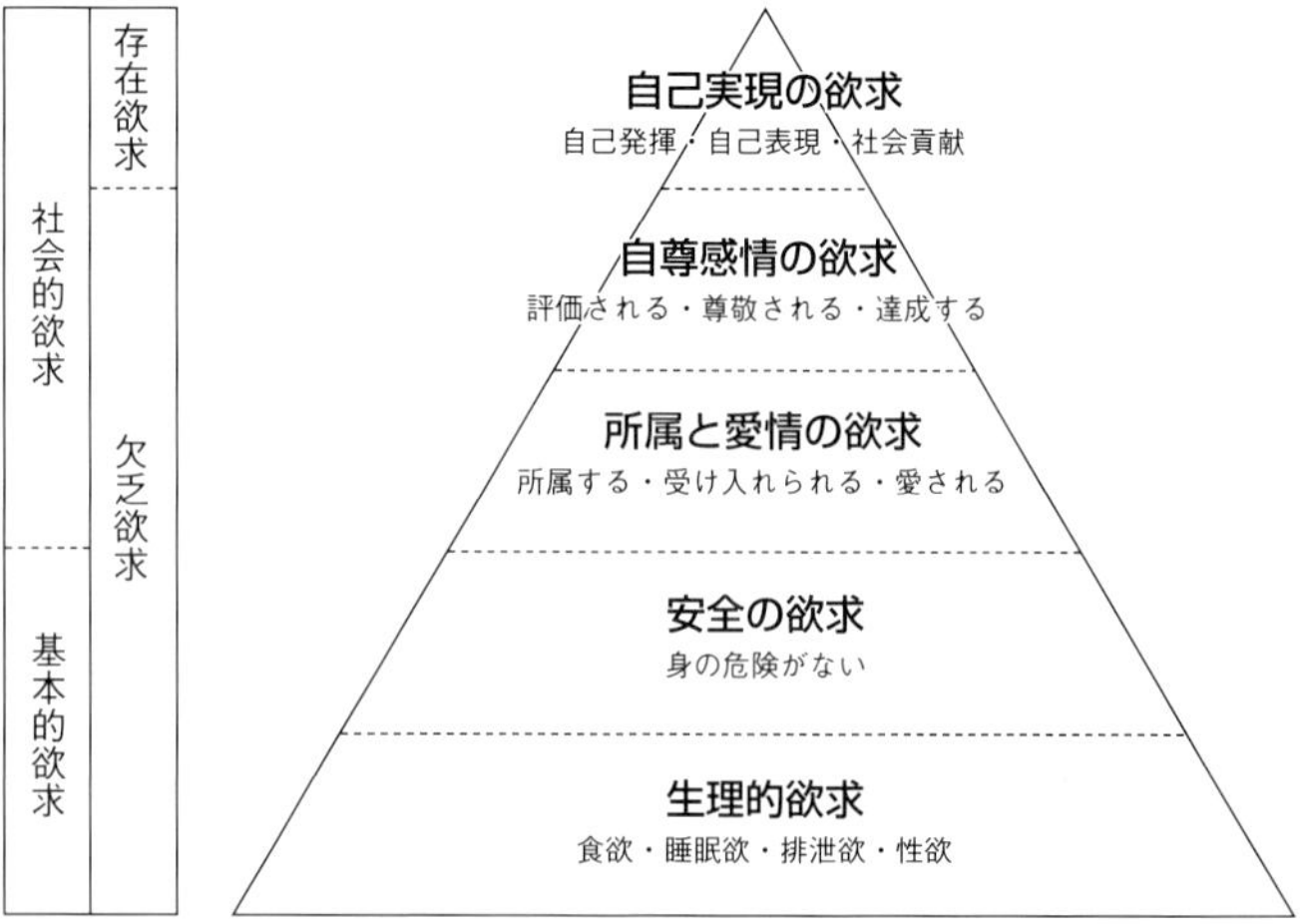

図2・1　欲求階層説

欲求には五つの層があり、人は下位の欲求が満たされてはじめて、一つ上の層の欲求を満たそうとします。すなわち、お目当ての社会的欲求を満たすためには、その下位の欲求を満たしていないといけないということです。

五つの層のうち、第一層が生命活動を維持しようとする【生理的欲求】です。これを満たすと、次に無事に生存しようとする【安全の欲求】を抱くようになります。**飢えや身の危険を感じるような環境では、礼節を守るどころではありません。**海外のニュース映像などで、大の大人から子どもまでが白昼堂々と旅行者から金品を盗もうとするシーンを見たことはないでしょうか。国の経済や治安が機能し、労働や教育に就くことができていたら、彼らもあのような犯罪に手を染めることはなかったでしょう。幸い日本においては、生理的欲求や安全の欲求を満たせない状態に置かれている人は少ないと思います。

これより上が社会的欲求です。生理的活動と安全が確保できて初めて、人は社会的欲求を求めるのです。第三層は【所属と愛情の欲求】です。「何らかの集団の一員になりたい」、「仲間として受け入れられたい」、「他者から愛されたい」という欲求です。一人が楽だという人もいるでしょうが、家族も恋人もなく、学校や社会とのつながりも一切ない状態を想像してみてください。孤独は精神的にとても辛いことです。それでもやはり一人が良いという人は、対人不安や人間不信などによって、他者との関係を危険なものと思っているのでしょう。すなわち、傷つくことを恐れており、安全の欲求が満たされていないのです。人は自分のことを理解し支えてくれる人を求めます。ですから、**部下のことを理解して、支えてあげるように心がけましょう**。そうすれば、部下は職場を自分の居場所と思い、力を尽くして働いてくれるようになります。

心の拠りどころを見つけることができたら、次に第四層の【自尊感情の欲求】を求めるようになります。これは、「人から評価されたい」、「人から尊敬されたい」、「物事を自分の力で達成したい」という欲求です。多くの人たちが、自分を価値のある人間だと思いたいがためにがんばっています。このような思いは、人が精神的に健康に生きていく上でとても重要な役割を果たします。「叱って育てる」のと「ほめて育てる」のとでは、ほめて育てる方が圧倒的に効果的です。なぜならば、人間は本質的に自尊感情の欲求をもっているからです。誰でも、自尊感情が低下した状態ではやる気になりません。挫折経験の乏しい人や負けん気の強さで頑張ってきた指導者ほど、人を叱って育てようとします。心の法則に従って人を育てるならば、**必ずほめて育てるように心がけてください**。

人から認められるようになると、最後に第五層の【自己実現の欲求】を求めるようになります。これは、自分の可能性をフルに発揮し、自分にしかできないことを実現しようという欲求です。ただし、その方向性が社会や組織、家族の求めるものと合致していれば良いのですが、他者の評価は気にしませんので、場合によっては周囲から奇異の目で見られたり、組織に迷惑をかけたり、家族を心配させることになるかもしれません。その人のことをよく考えた上で、必要があれば、**自分の力を思う存分発揮して組織に貢献し、世の中で成功して周りの人たちを喜ばせたいと思わせるようなアドバイスが有効な場合もあります。**

この欲求階層説を提唱したマズローは、【人間性心理学】を代表する人物です。人間性心理学は人間観や思想のようなもので、「性善説」を取ります。すなわち、「人は自己実現に向けて動機づけられているので、それを阻害する**問題さえなければ、誰もがより上を目指してがんばろうとする**」という考え方をします。欲求階層説は、人間の向上心を欲求によって説明したものといえるでしょう。欲求階層説からわかるように、人は孤独感に苛まれていたり自己卑下していたりすると、自らの能力をフルに発揮しようという意欲をもつことができないのです。

人を育てるためには、まずやる気にさせることが肝心です。そのために、所属と愛情の欲求を満たしてあげましょう。受容的な雰囲気を作り、心の拠りどころである居場所を用意し、まわりに受け入れられているという実感を与えるのです。所属と愛情の欲求が満たされ、課題に取り組むようになったら、次にその人が独力で十分に達成できる課題を与えます。そして、課題をうまく達成できたらほめてあげて、自尊感情の欲求を満たしてあげます。このように**段階的に満たして向上心を高めてあげることで、自らやる気になるように導いていくのです**。もしもやる気を失っていたら、どの段階に問題があるのかを分析して、問題を取り除いてあげましょう。

3　気負ってしまうと逆効果

根が真面目な人ほど、「がんばろう、がんばろう」と強く思い込みます。その結果、身動きが取れなくなって、心身に弊害が生じます。こういう人に対して、カウンセラーは「がんばらなくていいよ」という言葉をかけます。みなさんの中には、奮起させたり発破をかけたりするために、相手に対して「がんばれ！」という言葉を連呼する人がいるかもしれません。しかしながら、あまりに過度な期待やプレッシャーは逆効果です。**肩の力を抜いて適度にがんばろうと思うことが、最大の行動を生み出す**のです。

心理学には、【ヤーキーズ・ドットソンの法則】というよく知られた法則があります（図

2・2）。これは、動物の興奮状態と行動との間には、逆U字型の関係があるというものです。何かをしようと思えば思うほど（興奮状態が高くなるほど）、行動は強くなっていきます。しかしながら、その思いが度を超すと、逆に行動は弱くなります。興奮レベルが最大になると、ついに行動を停止してしまいます。ヤーキーズ・ドットソンの法則を一言でいえば、「やる気には適度なレベルがあるよ」ということです。この法則は人間の行動に広く適用することができます。**相手がダレすぎず気負いすぎず、適度にがんばろうと思う状態をキープできるように、「がんばれ！」と「無理しなくていいよ」という言葉をうまく使い分**

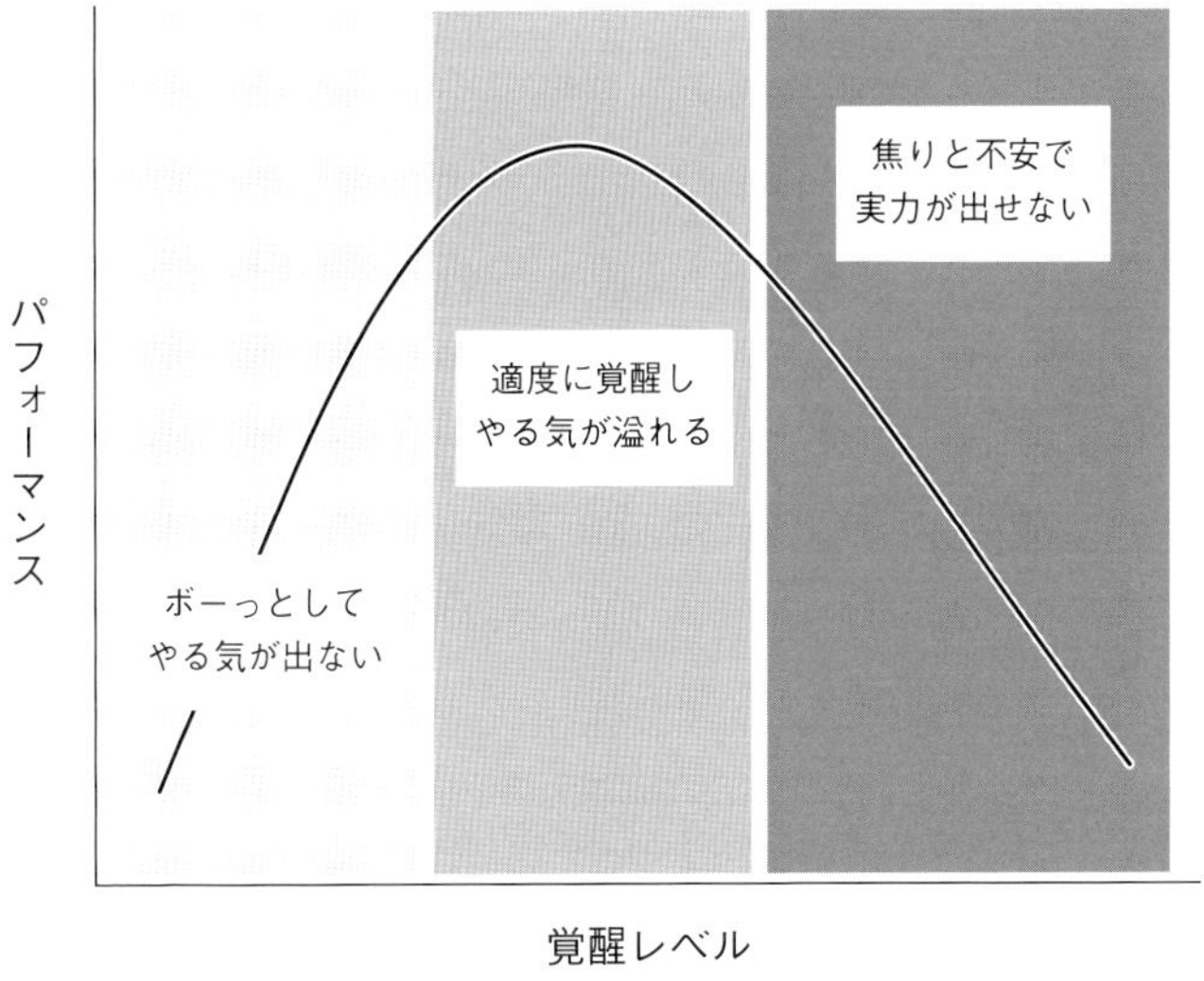

図2・2　ヤーキーズ・ドットソンの法則

けてください。

05 人をやる気にさせるには

1 やる気を引き出すテクニック

動機づけには、自分でやる気になる【内発的動機づけ】と、他者にやる気にさせられる【外発的動機づけ】があります。前者の内発的動機づけの源泉は、「活動自体が楽しいから行う」という知的好奇心や興味、また「もっとできるようになりたい」というチャレンジ精神です。

内発的動機づけによって仕事や勉強をしている人は、ほっておいても自ら進んで課題に取り組みます。良い指導者とは、**一つひとつ指示しなくても自分から意欲的に取り組むように、うまく内発的動機づけを高めてあげる**ことができる人です。内発的動機づけによる行動は満足感を高めますし、精神的にもとても良い効果があります。

欲求階層説（☞二八頁）に基づいてやる気にさせる方法は、内発的動機づけに関するテクニックです。ただし、これは「人は問題がなければ向上しようとする」という性善説を前提にしています。残念ながら、世の中には放っておけばいつまでも怠け、サボろうとする人間も少なくありません。このような人には、**まず外からはたらきかけて行動の習慣を身に着けさせ、その後、徐々に内発的動機づけに移行させる**作戦でいきましょう。この「外からはたらきかけてやる気にさせる」テクニックを、**【オペラント条件付け】**といいます。

オペラント条件付けは新しい行動を覚えさせ、自分の意志で行うようにするためのテクニックです。シンプルなテクニックですが、人を教え育てる上で必須の知識ですので、しっかりと理解しておきましょう。

オペラント条件付けには、次の三つの原則があります。

①命令せず偶然行うのを待つ。

オペラント条件付けの目的は、自分から望ましい行動をするようにしつけることが目的です。そのため、最初に命令してしまっては意味がありません。

②アメとムチを使い分ける。

望ましい行動をしたときにはアメ（報酬）を与え、望ましくない行動をしたときにはムチ（罰）を与えます。望ましい行動を頻繁に行うようにするために相手が喜ぶことをし、望ましくない行動をしなくさせるために相手が嫌がることをすればよいのです。

③何度も繰り返し行う。

「一度聞いたらわかるだろう」という言葉は、人を育てる上で禁句です。短気な人はあまり指導者には向いていません。教育には根気が必要です。人に新たな行動を覚えさせるためには、何度も何度も根気よく繰り返しはたらきかけねばならないのです。行動するのを待ち、それが望ましい行動ならばアメを与え、望ましくない行動ならばムチを与える。これを何度も何度も繰り返し、**「望ましいことをすると良いことがあり、望ましくない行動をすると悪いことが起こる」という法則に気づかせる**のです。そうすることで、相手は自主的にアメをもらうために望ましい行動をし、ムチを避けるために望ましくない行動をしないようになります。例えば、部下が熱心に仕事に打ち込んでいたら、機嫌良く接して「頑張っているね。君には期待しているよ」といった言葉をかけるようにします。逆に、怠けたりサボったりしているときは、わざと不機嫌になってみせ、「厄介だな……」と思わせます。その際、アメかムチかは成果ではなく、相手の仕事に対する姿勢を基準に決めることがポイントです。「この人は頑張りを評価するんだ」と思わせるのです。

オペラント条件付けを効率良く行うコツがあります。それは「常に」ではなく「たまに」報酬を与えるということです。人間はどんなにうれしいことにも嫌なことにも、すぐに慣れてしまいます。そのため必ずアメやムチを与えると、それが当たり前になり、アメやムチの価値が下がってしまいます。また、必ずアメがもらえると思うと、アメがもらえなくなったときに、すぐその行動をやめてしまいます。オペラント条件付けの最大の問題点は、アメやムチのために行動するので、アメやムチがないとその行動をしなくなるということです。「口うるさい親がいないから勉強しない」とか、「自分を査定してくる上司がいないからサボる」という発想が生まれてしまいます。指導者の立場になったといえども、四六時中相手の傍にいて行動を見守り続けることはできません。ほめたり叱ったりする指導者がいないとサボってしまう人間を作ってしまっては、何の意味もありません。そこで、数回に一回、アメやムチを与えるようにするのです。すると、アメやムチが与えられなかったとしても、今回はたまたまなかっただけで次は与えられるかもしれないと期待します。そのため、覚えた行動をなかなかやめようとはしません。何回に一回与えるかはランダムでなければなりませんし、あまりに間隔が空くのもいけません。**法則に気づくまでは頻繁にアメやムチを与え、徐々に間隔を空けていくようにすると良い**でしょう。

2　精神的な満足感がやる気を生み出す

オペラント条件付けは単純なテクニックなので、すぐにでも実践できます。ただし、オペラント条件付けをする際は、報酬に気を配らなければなりません。アメは相手の喜ぶものでなければなりませんし、ムチは相手の嫌がるものでなければなりません。例えば、上司がご褒美のつもりで呑みに連れて行っても、本人が嫌がっていたならば単なる罰ゲームでしかありません。**相手が何を喜び何を嫌がるのかを、常日頃からしっかりと把握しておきましょう。**

では、相手の努力に何か報いたいとき、何をあげればよいのでしょうか。オペラント条件付けは「外発的」、すなわちあくまでも外からの力によって動かしているにすぎません。最終的な目標は、これを「内発的」に転換させて自主的に動いてもらうようにすることです。そこで、報酬として「ほめ言葉」を与えるようにするのです。**人間にとって最大の報酬は精神的な満足感です。**精神的な満足感は内なるエネルギーとなります。このエネルギーが、内発的動機づけに移行するきっかけになります。なぜならば、内発的動機づけとはこのエネルギーを自ら生み出し、自律的に活動することだからです。

何かやるたびにお金や物を与えるようでは、お金や物をもらわないと動かない人間を作ってしまいます。**相手が望ましい行動をしたらそれをほめ、うまくできたことを我がことのように喜びましょう。**二人の間に良好な関係が築かれているならば、相手はほめられたことを誇りに思い、一緒になって喜んでくれたことを嬉しく思います。ほめてほしいという気持ちは、自尊感情の欲求（☞三〇頁）に相当する高次な欲求です。相手は、またあなたにほめてもらい喜んでもらおうと、より一層がんばるようになります。そうなったら、今度はこの精神的な満足感を、自ら生み出すように促していくのです。そのためのテクニックについては、次項で詳しく説明します。

　では、ほめるときにどのような言葉がけをしたらよいのでしょうか？　ほめ言葉には二種類あります。一つは「すごいね！」、もう一つは「さすがだね！」です。

　まだ部署内で評価されていなかったり自信をもっていなかったりする相手には、仲間の前で「すごいね！」と少し驚いてみせます。自分は評価される価値があるのだと思わせるのです。

　一方、実際に能力が高く部署内で一定の評価を受けている相手や、自分は有能な人間だというプライドが高い相手には（隠しきれない自信を過信といいます）、「さすがだね！」と感心してみせます。この手のタイプはプライドをくすぐってあげるのが一番です。

　相手に合わせて、「すごいね！」と「さすがだね！」を使い分けるだけでも、ほめ上手になることができます。言わずもがなですが、内心すごいともさすがとも思わなくても、ほめるようにしましょう。「ほめる」は事実を認定する行為ではなく、自分へのローヤリティ（信頼感）を高め、より良い仕事を自発的に行わせるための手段なのです。

良いことをしたらほめる一方、ダメなことをしたときには、決して怒ってはいけません。「怒る」と「叱る」は全くの別物です。怒るとは、自分の怒りの感情を相手にぶつけることです。たいていは暴力や相手の人格まで否定する言葉（言語的暴力）として表れます。一方、人を叱るというのは、相手の人格を認めた上で相手の行動の非について指摘することです。

みなさんは、人をちゃんと叱れているでしょうか？　単に叱るのではなく、**「相手が望ましい行動をしてくれない」と悲しむと、効果的な精神的罰になります**。人は失望されることを恐れます。それが敬愛する相手であればなおさらのことです。

実は、相手の人格や能力を認めた上で、相手に申し訳ないという気持ちにさせる魔法の言葉があります。それは「君ほどのものがどうしたんだ？　何か事情でもあるのか？」です。言葉の表現は自由にアレンジしてください。この言葉かけは、前半部で「私は君を評価している」ということと、「このような結果になったのは意外だ」という困惑を伝えます。そして後半部で「本人以外に原因があるのではないか」と推測し、「君を責める気持ちはない」ことを伝えるのです。失敗して自分が責められそうなときは、誰しも言い訳をしたくなります。ところが、**相手が自分を評価していることがわかった上に心配されたとあっては、無駄な言い訳をする必要はありませんし、次は期待に応えようと頑張りたくなる**ものです。どのような場合でも、相手を認めるということを忘れないでください。

もう一つ、不用意な外発的動機づけが相手の自主性を奪うことを忘れてはいけません。**自らの興味・関心や目標意識をもって自主的に課題に取り組んでいる人に、良かれと思って「うまくできたらご褒美をあげよう」などと言ってはいけません。**人はたとえ内発的動機づけで行動していても、誰かからアメを与えられた瞬間に、自分はアメをもらうためにやっているんだと思ってしまい、たちまち自主性を失ってしまいます。良かれと思ってご褒美をあげたくなるのも人情ですが、相手の将来を考えてぐっと我慢してください。

3 自発的に動くように導く

次に、「やる気のない人や外発的に動機づけられている人を内発的動機づけに移行させるテクニック」について説明します。【自己決定理論】によると、外発的動機づけは①外的調整、

②取り入れ、③同一化、④統合という四つのステージ（調整段階）に分かれています（表2・1）。これら四つのステージは⓪非動機づけと⑤内発的動機づけの間に位置づけられます。この**動機づけのステージを踏まえて順に導いていければ、最初は全くやる気のなかった人も自発的に行動するように変わることでしょう。**

　仕事をする気のない人を内発的に動機づけるためには、次の五つのステップを踏みます。

①外的調整

「仕事をしようとしない人」（非動機づけ）に、仕事を与えて行動するように指示します。これで「やらされている人」に変化します。

②取り入れ

　そのうち、これは嫌でも自分がやらなければならないノルマなのだと思うようになります。そうすると「仕方

表２・１　自己決定理論

動機づけ	調整段階		自律性
非動機づけ	⓪ ―――	やる気にならない	
外的動機づけ	① 外的調整	言われたことだけ行う	
	② 取り入れ	行わなければならないので仕方なく行う	
	③ 同一化	行う方がよいので行う	
	④ 統合	目標を達成するために行う	
内的動機づけ	⑤ 内発的	行うこと自体が目的	

なくやる人」に変化します。この段階では、いちいち指示しなくても行動するようになりますが、内心ではやらされている感が強く、罰や恥を回避することを目的に働いています。

③同一化

やがて仕事をすることが当たり前になってきます。すると、次第に自分のやっていることに意義を見出すようになります。こうして「やる必要があるからやる人」に変化します。この段階まで来ると、こちらからはたらきかけなくても自律的に行動するようになります。ただし、仕事はあくまでも義務であり、仕事自体を目的にはしていません。

④統合

仕事を続けているうちに、やがて自らの欲求や価値観が仕事と一致してくるようになります。そうなると「目標を達成するために進んでやる」人になります。

⑤内発的動機づけ

最終的には仕事にやりがいを感じるようになり、「仕事自体が楽しいからやる人」になります。最後の内発的動機づけが良いとは思いますが、**チームや組織においては、外発的動機づけの最終段階である統合の状態で十分です**。なぜならば、たとえ生活費のためであっても、その人が仕事にやりがいを感じ、自らノルマを設定して、自らの意志で行動しているからです。

06 自信をもってもらおう

1 成功と失敗を何のせいにする？

人は何かうまくいくと、「自分はなんで成功したんだろう」と考えます。上司や先輩がお酒に酔いながら、部下や後輩に教訓のつもりで自分の成功談を聞かせるときは、必ずなぜ成功したのか、その理由を自慢げに語るものです。同様に、人は失敗してしまったときには、「どうして失敗してしまったのか」と、その原因をくどくど考えるものです。このように、成功や失敗の原因について考えることを【原因帰属】といいます。実は、**原因帰属次第で、自信をつけたり失ったり、今後さらに伸びるかそのレベルで終わってしまうかが変わってきます。**

原因帰属の仕方は、自分のせいにするか（内的）、自分以外のせいにするか（外的）という【内在性次元】と、安定したものとみるか（安定）、不安定なものとみるか（不安定）という【安定性次元】の組み合わせで表すことができます（表2・2）。自分のせいで安定しているものは「能力」、自分のせいで不安定なものは「努力」、自分以外のせいで安定しているものは

「問題の難しさ」、自分以外のせいで不安定なものは「運」です。成功や失敗を何のせいにするかは、人によって偏りがあります。あなた自身やあなたが指導している相手が**良くない原因帰属をしているならば、その考え方を改めてもらわなければなりません**。

自分に自信をもてない人は、総じて成功を「運」のせいにして、失敗を「能力」のせいにします。うまくいったら「偶然だ」と思う一方、失敗したときは「自分に才能がないからだ」と自己卑下するわけですから、いつまでたっても自信などつくわけがありません。とはいえ、成功を「能力」のせいにする人もあまり良くありません。なぜならば、「自分は才能があるからだ」と慢心してしまい、努力を怠るようになるからです。また、失敗を「問題の難しさ」や「運」のせいにしてしまうと、失敗から何も学ばないので成長しません。

では、最もバランスの良い原因帰属は何かというと、**成功したときは「能力三割、努力七割」で考え、失敗したときは「努力一〇割」で考える**ことです。成功したときに能力三割にするのは、適度に自

表2・2　原因帰属の分類

		安定性	
		安定	不安定
内在性	内的	能力	努力
	外的	難しさ	運

信をつけるためです。残りを努力に帰属するのは、頑張ったから成功したと思うことによって、次もがんばろうと思えるからです。一方、失敗したときに努力が足りなかったからだと思うように促すのは、自信を喪失するのを回避し、がんばりさえすれば次はうまくいくと思わせるためです。

最初からできる人に指導する必要はありません。誰でも努力をすることで、次第にできるようになっていきます。指導者の役割は努力してもらうことです。「頑張ってうまくできるようになろう」とやる気になってもらうことなのです。そのためには、相手が成功した時や失敗した時に、何に目を向けてもらうかがポイントです。**成功したときは能力や良い結果よりも努力をほめ、失敗したときは能力や悪い結果ではなく、努力不足を指摘する**ようにしましょう。

2　自分はできるという感覚

人を育てる上で最も恐れなければならないことは、やる気を失わせてしまうことです。人は誰しも失敗や不快な状態になることを嫌がります。にもかかわらず、いろいろ頑張ってみてもうまくいかないことが続いてしまうと、人はそのうち何もしようとは思わなくなります。「何をしてもどうにもならない」ということを学習するからです。これを【学習性無力感】といいます。

このようにならないためには、「努力は必ず報われる」という経験を積んでもらわなければなりません。ポイントは、いきなり高難易度の課題を出すのではなく、**ある程度努力すれば必ず達成することができる程度の課題を出す**ことです。これを繰り返し、努力による成功体験を積んでいく中で、人は成長し、それまでよりも難しい課題をこなせるようになっていきます。

これを【スモールステップの原則】といいます。**人間は目先の小さな利益に飛びつく生き物です**。ですから、「中長期的な大きな目標のみを設定し、何度も失敗や挫折を経験させて、それを乗り切った先に大きな喜びが待っている」といったスポ根モノの指導をすると、多くの人が途中で逃げ出してしまいます。

「根性がない！」とか「これだからあいつは」と相手のせいにするのは簡単ですが、相手があきらめてしまうような指導をしている自分を、第一に責めてください。「大目標をいくつものステップに分けた小目標を設定し、それらをクリアするたびにほめてあげて、達成感を与える」というプログラムを組むようにしましょう。

自信に関連した概念は、心理学にいくつも存在します。そのうちの一つが【自己効力感】です。簡単にいえば「自分はやればできる」という自信です。小さいころ、親から「あなたはやればできる子なのよ」と言われた経験はないでしょうか？　それは、自己効力感を高めようとする親心だったのです。**自己効力感の高い人は、課題を解決してやろうという気持ちも高く、そのために努力を続けます**。また、経験したことのないような新奇な課題に直面してもうろたえず、ストレスフルな状況におかれてもへこたれません。逆に自己効力感が低いと、何事にも受動的で、すぐに逃げ出したり不満を漏らしたりします。

　指導する相手の自己効力感を上げるためには、こまめに【即時フィードバック】を行うことがポイントです。フィードバックとは「結果を知らせる」ということです。達成可能な小目標を出し、良い結果をすぐに知らせるということを繰り返すのです。失敗したときも、何が間違っていたのかを明示してあげれば、その場で問題点を改善することができます。そして、すぐにその小目標を達成することができます。人を育てるコツは、**スモールステップと即時フィードバックを組み合わせ、実践してもらうことで自己効力感を高めていく**ことです。

3 達成目標を何にするか

組織で働く上で、特に重要な社会的欲求（☞二七頁）が【達成欲求】です。達成欲求の高い人は、独力で達成しようと動機づけられており、適度な難易度の課題を選び、自ら目標を設定して、自己責任を取ろうとします。そのため、放っておいても課題解決に向けて努力します。このような人には、今やっていることが効果的か否か、成果が出ているのか否かについて、具体的かつ迅速にフィードバックすると良いでしょう。

達成動機はやる気を高める上で重要ですが、しばしばメンバー間の競争意識を高めてしまいます。**チーム活動では、個人の成績ではなく、他のメンバーと協同してチームの課題を解決することが重要であることを、意識してもらうようにしましょう。**そうすれば、達成動機の高いメンバーはチームを活性化してくれるので、チームのパフォーマンスが格段に向上します。

達成感を得たいという欲求は、最も重要な社会的欲求の一つです。ただし、どのような動機で達成したいと思っているのか（【達成動機づけ】）は、人によって異なります。

みなさんの中には、失敗を恐れずに高いレベルの課題に挑戦し、それを達成したいという【成功願望】をもっている人がいます。その一方で、なんとか失敗することを避けたいという【失敗恐怖】をもっている人がいます。あなたは「良い結果を得て人から称賛されたい」と思って努力する成功願望タイプですか？　それとも「失敗して恥をかきたくない」と思って努力する失敗恐怖タイプですか？

　成功願望タイプは内発的動機づけ（☞三四頁）を高め、失敗恐怖タイプは内発的動機づけを低めます。**どうせ努力するならば、チャレンジ精神をもって物事に取り組むべき**です。

　指導する際には、相手の普段の言動に気を配ってください。「一生懸命頑張っているね」とその努力をほめたときに、「失敗できないから」とか「恥をかきたくないから」と言ったら、失敗恐怖から努力しているということです。そのときは、「これだけ頑張っているのだから必ずうまくいくし、周りからも称賛されるよ」と声をかけ、**成功した後のことに目を向けてもらう**ようにしてください。

　また、何かに取り組んでいる人の中には、「新しい知識や技術を身に着けたい」という【成長志向】をもっている人と、「なるべく良いパフォーマンスをあげたい」という【成績志向】をもっている人とがいます。先ほどの成功願望と失敗恐怖は、どちらも成績志向に当たります。**自信がないのに成績志向をもつ人は、失敗するとすぐに学習性無力感に陥ってしまいます**。このような人は意外に多いので、指導する際は注意してください。

指導者は、つい高成績をあげることを目標に指導してしまいます。トップからの強い要請があったり、組織の存続がかかっていたりなど、成績や業績を強く求められることもあるでしょう。このような状況では、実践の中で新人を育てていかなければなりません。とても難しい指導を求められますが、未熟な人間に高成績を要求してもプレッシャーになるだけで、プラスの効果は何もありません。成績は能力が向上すれば自ずとついてきます。なるべく、指導している新人が新しい知識や技術を習得し、能力を向上させることを志向して努力するように導いてください。そうすることで、たとえ失敗したり悪い成績を取ったりしても、無力感に苛まれることはなく、根気強く課題に取り組んでくれるようになります。特に**メンタルの弱い人には、成長志向をもって努力するように促してみましょう**。

同様に、成績の良し悪しを「自分がどれだけ真剣に課題に取り組むことで成長したか」で判断する【課題関与】タイプの人と、「できるだけ人より少ない努力で多くの成果を得たか」で判断する【自我関与】タイプの人がいます。

課題関与的な判断をする人は、過去の自分と今の自分を比べて、過去よりも成長しているかどうかを問題にします。そのため、あまり才能のない人でも、一生懸命努力して少しでも成長できていたら、達成感や有能感を得ることができます。

一方、自我関与的な判断をする人は、他者と自分を比べます。そのため、自分よりも優れている人がいたら、達成感や有能感を得ることができません。さらに、こういう人は「努力しないでもできることがすごいことなのだ」といった思い込みなどをしていることもあるので、努力を怠る人間になってしまいかねません。たまに、人に努力しているところを見られたくないとか、努力アピールはカッコ悪いと言う人がいます。こういう人に限って自信をもっていないことが多いのです。それは、このような人は自我関与タイプだからです。人より抜きんでることはとても難しいことです。そのため、彼らは達成感や有能感を得られないのです。指導する際は、**相手の自信と努力を引き出すために、「過去の自分と比べて、今の自分はどれだけ成長できるようになったか」に目を向けてもらう**ようにしましょう。

Chapter 3

人をコーチする

こういう人に

◉ 良い指導者になりたい

☞07 コーチング心理学

◉ 指導者に求められる能力は？

☞08 コーチングに必要な三つのスキル

◉ 目標に向かって努力させたい

☞09 コーチングのモデル

07 コーチング心理学

1 心理学の知見に基づく科学的な指導法

本章では、人材育成のテクニックとして【コーチング】を紹介します。「コーチ」という言葉を聞くと、スポーツ選手のトレーナーが頭に思い浮かぶと思います。それは間違いではありません。ただし、昔のスポ根モノのドラマやマンガのように、「選手の上に立ち、叱咤激励して厳しく指導する」というイメージは捨ててください。現在は「協同の時代」といわれています。コーチにも、選手に寄り添ってサポートすることが求められます。もちろん、これはスポーツに限ったことではありません。指導者は、指導生を今の状態からより良い状態に導くのが仕事です。そのためには、**相手にやる気になってもらい、悩んだ時には相談に乗り、長所をうまく引き出しながら、今よりも良い状態に変われるように導いてあげなければなりません。**

コーチングの歴史は自己啓発から始まりました。意外なことに、コーチングの源流の一つは禅にあるともいわれます。スポーツではメンタルが重要です。そのため、自己の内面を見つめ、些細なことに動揺しない強い精神力をつけることを目指しました。さらに、人間性心理学の影響も受けています。欲求階層説（☞二八頁）を提唱したマズローは、人間性心理学を代表する人物です。この説によれば、人は下位の欲求が満たされると、精神性の高いより上位の欲求を求めます。最終的に自分の能力をフルに発揮して、自分にしかできないことを成そうとする自己実現の欲求に至ります。人間性心理学の影響を受けているため、**コーチングも性善説を取り、「人は常に自ら向上していこうとする存在である」という人間観をもっています**。

　このように、当初のコーチングは人間性の向上を目的とした精神性の高いものでしたが、次第に世俗的な、すなわちビジネスでの成功を目的としたものに変質していきました。ビジネス書や自己啓発本には、執筆者の経験則に基づくハウトゥ物があふれていますが、コーチングも一時期まったく同じような状態になっていました。それが近年になり、コーチングはさらなる変質を遂げました。経済的成功のための非科学的なハウトゥから、**心理学の知見に基づく科学的な指導法が重視されるようになってきた**のです。当初、人間性心理学の影響を受けていたことを思うと、コーチングは再び心理学に戻ってきたことになります。そして現在、コーチングは「コーチング心理学」という一つの領域を成しつつあります。

　コーチング心理学は、学習心理学や臨床心理学などの理論を踏まえて、個人が生活や職場でより良く生きるように導いていくための科学です。コーチングを用いて、**相手が望む状態を実現するために、相手が自主的に考えて行動するようにサポートしていきましょう。**

2　コーチングの心構え

当初の、そして現在のコーチングは、ロジャースの考え方が積極的に取り入れられています。ロジャースは高名な臨床心理学者で、マズローとともに人間性心理学を代表する人物です。彼は【来談者中心療法】を提唱しました。この療法は無条件で相手に肯定的な関心を示し、相手を共感的に理解することを重視します。そのため、コーチングでは上から威圧的に、または批判的に接するのではなく、**相手の存在を受容し、気持ちや考え、悩みなどに共感する**ことが第一に求められます。技術論はその後の話です。

人を育てる上で、二つのアプローチがあります。それは、「さぁ、がんばろう！」という教育的アプローチと、「無理にがんばらなくていいよ」という臨床的アプローチです。大学の心理学部や心理学科の先生の専門は、大きく行動心理学と臨床心理学に分かれます。行動心理学の先生は、教育的アプローチで学生指導を行いがちです。一方、臨床心理学の先生は、臨床的アプローチで学生に接しようとします。本書を読まれている方の多くは、上司やプロジェクト・リーダーの立場になっているか、または教師や親でしょうから、基本的に教育的アプローチで相手に接することになります。ただし、「今よりももっと良くなるように成長しよう！」という教育的アプローチは、相手によって効果を発揮することもあれば、逆効果になることもある点に注意してください。**精神的に問題を抱えた人にコーチングを行うと、相手を追い詰めて症状を悪化させてしまうことがある**のです。

世の中には「過度に頑張らないと」と気ばかり焦って、実質何も頑張れない人もいます。このような人に「何もできていないぞ」と叱責したり、「がんばれ」を連呼したりして、無理に鼓舞してはいけません。すでに本人は「頑張らないと！」と、自分を精神的に追い詰めているからです。ヤーキーズ・ドットソンの法則（☞三二頁）を思い出してください。もしも相手が精神的に追い込まれていると判断したら、ただちにコーチングを中止し、「無理にがんばらなくてもいいよ」や「もう十分にがんばっているよ」といった声をかけて、クールダウンしてあげましょう。相手が精神的に健康な状態に回復したら、次に具体的かつ簡単な課題を提示してあげましょう。それを達成したらできるかぎり肯定的に評価して、成果を実感してもらいましょう。**確実に目標に向かって成長していると実感することができれば、空回りしていた歯車は徐々に噛み合うようになります。**

コーチングが効果を発揮しないもう一つのタイプが、「約束を守れない不誠実な人」、「感情に振り回される人」、「人の話に耳を貸さない人」、逆に「過度に依存的な人」など、パーソナリティに何らかの問題をかかえた人です。コーチングには、指導者と指導生の正しい信頼関係が必要不可欠なのです。

3　コーチングの神髄は言葉のかけ方にあり

コーチングは、言葉かけ一つで効果的にもなりますし、逆効果にもなります。**指導者になった場合には、自分の言葉かけに注意するようにしてください**。全ての言動は、相手を認めることが前提です。挨拶し、会話し、称賛し、評価するように心掛けましょう。また、会釈し、笑顔を絶やさないように努めましょう。決して相手を無視したり、怒ったり、非難したりしてはいけません。相手の存在や価値を否定することは、絶対に避けなければなりません。

ときには相手の問題点を厳しく指摘したり、取り組む姿勢について叱責したりしなければならないこともあるでしょう。その場合は、**やりとりの最後に、必ずほめたり相手の良い点を指摘したりするなど、肯定的なコミュニケーションで終わる**ようにしなければなりません。こうすることで、全体としてそのやりとりを肯定的なものに変えることができます。

08 コーチングに必要な三つのスキル

1 相手の話を受容的に聴く

コーチングを効果的に行うために必要なスキルがあります。それは「傾聴」、「質問」、「伝達」の三つです。

一つ目の【傾聴スキル】は相手を受け入れ、話をしっかり聴く力です。話を聴くだけでも、相手の悩みや迷いを軽減することができます。みなさんはこれまで、「誰かに悩み事を打ち明けたり愚痴をこぼしたりしているうちに、心のモヤが晴れて考えも整理され、これからどうすれば良いか、自ら答えに思い至った」という経験をしたことはないでしょうか？　これを【自己分泌】といいます。

「どうすればいいかわからない」と悩んでいる人は、実はどうすればいいか薄々気づいてい

るのです。それをはっきりと自覚していないか、認めたくないだけなのです。ですから、あなたは静かに相手の言葉に耳を傾け、親身になって話を聞いてあげればよいのです。そのうち、相手は心が落ち着いてきて、自分からどうすればいいか言葉にするようになります。そうなれば、あとはその提案を肯定して、そっと背中を押してあげれば良いのです。

相談に乗る際に、決して上から目線にはならないように気をつけてください。指導者は傍で寄り添う存在だということを忘れてはいけません。また、否定的な言葉を口にしたり、途中で口出ししたり、先入観をもって聞いたり、自分なりの解釈をしたり、安易なアドバイスや励ましを与えたりしてはいけません。**悩み相談の主役は話し手である相手です。**こちらの考えの押し付けや話の腰を折る発言は慎まなければなりません。

傾聴において重要なのは、相手に共感して一〇〇%受容することです。相手に受容的に傾聴していることをアピールするために、全身を使って話を聴きましょう。相手が何か言うたびにうなづいて、「なるほど」、「わかるわ」、「たしかに」というような相づちを打つのです。決して首をひねったり、「そうかな」、「どうだろ」、「それは違う」などと言ったりしてはいけません。また、話し手が言った重要なことをオウム返しで反復したり、別の表現で言い換えたりしてみてください。すると、話し手は「この人は自分の言いたいことをちゃんと理解して聴いてくれている」と思います。

聴くときの姿勢も大切です。人は興味がある話には自然と前のめりになります。逆に興味がなかったり、話を批判的に聴いたり、良否を評価しようと思って聴くときは、意図せず後ろに重心が移り腕や脚を組んでしまいます。話し手は相手のこのような態度に敏感です。ですから、意図的にやや前のめりに話を聴くようにするのです（もちろん自然とそうなるのがベストですが）。これらはコーチングに限らず、面接場面や上司の意見を聴くときにも有効です。積極的に活用してください。

2　尋ねることで思考を誘導する

二つ目の【質問スキル】は、考えが足りていないポイントに気づかせ、思考を誘導するために行います。あいまいになっていたり、おかしな思考になっていたりするポイントについて、「それはどういうことですか？」と質問します。すると、話し手はその質問に答えるためにしっかりと考えます。また、質問している人に納得してもらうために合理的な理由を考えます。こうして、**質問によって考えが足りていないところや理由を説明できない思い込みに気づ**

いてもらうのです。決して「今の点は考えが足りない」などと直接指摘してはいけません。そのつもりがなくても相手を否定していると受けとられる可能性が高いからです。質問の形で、間接的に問題点を指摘してみましょう。その際、質問は簡潔に行い、何について問われているのかを明確にするように心がけるとともに、こちらの考えや価値観を押し付けないようにしましょう。

質問のコツは**【オープン・クエッション】**を用いることです。ＹＥＳやＮＯで答えられる質問をしても、話は発展しませんし思考も進みません。オープン・クエッションを行えば、「なぜ」、「なにを」、「どのように」するのかについて、相手は具体的に考えて答えなければならなくなります。また、なるべく「ＷＨＹ」ではなく「ＷＨＡＴ」を用いて質問するようにしましょう。「なぜそう思うのか？」、「なぜそのようなことをしたのか？」などと問われると、相手はそのように思ったり行ったりしたことを責められているような気持ちになります。**「どう思っているのか？」**、**「どんなことをしたのか？」というように、内容について聞く**ようにすれば、相手は自分自身と問題を切り離して客観視することができます。

また、悩んでいる人はすぐに過去に目を向けて失敗を悔やむので、未来志向の質問をすることも効果的です。コーチングの目的は、現状よりも良い状態に相手を導くことです。そのためには、**「将来どのようになりたいのか」、「これから目標に向かってどのようなことをしていこうか」と、未来に目を向けさせる**のが一番です。中には、今の問題を招いた原因をことさら明らかにしようとする指導者がいます。「原因を究明してからでなければ解決策は立てられない」や「失敗を反省し教訓にする」という信念なのでしょう。しかしながら、それは相手を精神的に追い込んで落ち込ませることにもつながります。やる気を削いではいけません。原因究明は、相手が立ち直り、歩を前に進めるようになってからでも遅くはありません。

3　命令や指示ではなくお願いする

三つめは【伝達スキル】です。コーチングでは、指導者は基本的に傾聴や質問などを用いて聴き手に回りますが、最終的にはこちらの要望を相手に伝えなければなりません。伝達の基本形は①承認、②フィードバック、③要望という流れです。

初めに①承認を行います。相手の成長や成果、状態をほめて、認めるのです。特に、**本人が気づいていないことを見つけてほめると効果的です。**

相手を承認したら、次に②フィードバックを行います。自分の感じたことを伝え、第三者の視点や情報を与えます。そうすることで、相手は思考を深めるヒントを得ることができます。ここで重要なのは、「フィードバックを受け入れるかどうかの決定権は相手にある」ということです。あたりまえのことですが、相手がこちらのフィードバックを受け入れなくても、気分を害したり無理に押し付けたりしてはいけません。**「一つの見解として聞いておいてほしい」という姿勢を崩さない**ようにしましょう。

また、何でも事実をそのまま伝えれば良いというものでもありません。フィードバックとダメ出しは別物です。相手のやる気を奪ってしまっては元も子もありませんので、「相手の良い点」と「改善した方がより良くなる点」（悪い点ではありません！）を織り交ぜて、受け入れやすい形でフィードバックするように心がけましょう。良い点に関するフィードバックは承認と似ていますが、総評的な承認とは違い、フィードバックは動作や行為などについて、良いところを具体的に指摘します。**良い点を指摘してから改善すべき点を示す**ようにしましょう。

最後に、③要望を行います。**命令や指示ではなく、あくまで要望する**のです。自分が相手にしてほしいことや、してほしくないことを伝えるのです。これも受け入れるかどうかは相手次第です。「不真面目でサボろうとする人に、無理にでもしてもらわなければならない」という場合もあるでしょう。07の2の終わり、五八頁でコーチングが効果を示さない人として、人の話に耳を貸さない人を挙げました。その通り、不真面目な人にコーチングはあまり効果を示しません。まずは良好な指導関係を作り、こちらの言葉に耳を傾けてもらうようにする必要があります。

もしも相手が要望を聞き入れてくれそうにない場合も、言うだけは言ってみましょう。そうすれば【スリーパー効果】が期待できます。子どものころ、親や学校の先生から「ああしなさい、こうしなさい」とか、「これはダメ、あれはダメ」と言われるのがうっとうしくて反発したことはありませんか？

ところが、そのときは聞き入れなかったものの、歳を重ねて大人になると、あのころのお小言が今の自分の価値観の一つになり、気づいたらその通りに行動しているということがあります。これは反発心という感情が消えて、それまで反発心の陰で眠っていた親や先生からのアドバイスが効力を発揮するようになったからです。**相手に良いと思うことは、たとえその時は聞き入れられないと思っても、押し付けない程度に言っておく**べきです。

09 コーチングのモデル

1 努力の道筋を明確にする

コーチングは、現状よりもより良く行動できるように変化してもらうことが目的です。では、どのような手順で指導生に行動を変えてもらえばよいのでしょうか。**コーチングには、「この手順でコーチングしていくと良い」という定式があります**。その代表的なモデルが**【**GROWモデル**】**です。GROWの一文字ずつがプログラムの流れを表現しています。Gは「目標の設定（Goal）」、Rは「現状の認識（Reality）」、Oは「選択肢の列挙（Options）」、Wは「意志の強化（Will）」です。

コーチングの最初のステップは、G「目標の設定」です。**あなたが指導者になったら、まず相手の目標を明確にしましょう**。目標があいまいなままで漠然とがんばれと言われても、具体的に何を努力して良いかわかりませんし、どれだけがんばればよいのか判断することもできません。そのため、初めにゴールを明確にすることが大切です。

目標を設定する際のポイントは、

①具体的で、無理なく頑張れば達成可能な難易度であること。

②成果が目に見えること。

③スモールステップの原則（☞四七頁）に従い、小さな目標を、期限を決めて設定すること。

の三点です。また、何かを禁じるような目標の場合は、「○○しないこと」という禁止表現ではなく、「○○しないように努める」などのように、文末を肯定的な表現にすると、前向きな姿勢で取り組むことができます。何よりも本人がやる気になっていなければ意味がありません。ですから、**目標を押し付けることは絶対に避けてください**。

中高生のころ、学校や塾から帰ってきて、宿題や受験勉強をしようと思って自分の部屋に入ろうとしたときに、お母さんがキッチンから「勉強しなさい」と声をかけてきた経験はないでしょうか？　そのとき、急に勉強する気が失せてしまいませんでしたか？

人は、自分の行動は自分の意志で自由に決定したいという【自己統制欲求】をもっています。そのため、もしも他者から行動を強制されると、強制されたことと逆のことをすることで行動の自由を回復しようとします。このような心の動きを【心理的リアクタンス】といいます。人を導くためには、何事も相手の自主性を尊重しなければなりません。

次のステップは、R「現状の認識」です。**相手に自分自身の現状について自覚させ、スタート地点を明らかにします。**これも指導者が決めつけるのではなく、話し合いを通して、本人に現状を自覚してもらわなければなりません。話し合いでは、具体的に良い点と悪い点の両方を明らかにします。ゴールとスタートを設定することで、どれだけ頑張れば良いかという目的地までの距離が明らかになります。また、個人の能力だけでなく、時間や資金や道具など「目標の達成に利用できるものは何か」、「援助や影響を与えている外部の人は誰か」、「現在抱えている問題は何か」などについても確認しておきます。

続いて、O「選択肢の列挙」を行います。話し合いの中で、**目標達成を妨げている問題や課題を克服するために何をするべきかについて網羅します。**スタートからゴールに至るルートを、いくつも挙げていくのです。同時に、それぞれのルート（選択肢）の長所短所についても吟味します。

最期に、W「意志の強化」を行います。これまでの話し合いで明確になった**目標、課題、選択肢を整理した上で、どの選択肢を選ぶのかを決定する**のです。ルートの選択です。もちろんこれも相手に選択してもらいます。選択後は、その課題解決行動を完了するために、「指導者に求めたいサポートは何か」、「障害になりうることは何か」などについて確認しておきます。

全てのステップは話し合いによって進めていきます。その際、指導者は必ず聴き手にまわります。傾聴スキル（☞五九頁）によって、相手に話しやすい雰囲気を作るように心掛けましょう。もしも相手の考えが曖昧な場合や問題がある場合は、質問スキル（☞六一頁）によって再考を促します。しっかりと考えて良い発言をしたときは、忘れずにほめましょう。

人は自分の行動を自分で決めようとします。そのため、目標や課題、解決するための行動を、自ら考えて明言した場合は、命令や指示をされるよりもやる気になります。**このGROWモデルは、チームや組織においても活用することができます。**

2　多角度的に現状を認識する

先のGROWモデルは、行動に焦点を当てていました。一方、思考や感情、記憶といった認知面からコーチングを行うのが【SPACEモデル】です。ちなみに【認知】とは、思考や感情、記憶など、人間が脳で行っている諸活動のことです。このモデルもSPACEの各文字が特定の意味をもっています。Sは「社会（Social context）」、Pは「生理（Physiology）」、Aは「行動（Action）」、Cは「認知（Cognition）」、Eが「感情（Emotion）」です。

五つの要素は、ＧＲＯＷモデルのようなステップではなく、指導生が抱える問題の側面を表しています。すなわち、相手が目標達成に向けて何か問題を抱えている場合、「社会」的には何が原因で、「生理」反応としてはどのような症状が出ており、「行動」面では……というように五つの側面から捉えていくと、問題の本質を正確に把握することができるということです。ＳＰＡＣＥモデルは、指導生が抱える問題をシステマティックに分析するときに役立ちます。

初めに、相手の抱える問題を明らかにするために、

①指導生や周りの人たちは、現在どのような「状況」に置かれているか。

②指導生や周りの人たちは、現在どのような「状態」になっているか。

の二点について、本人の発言から特定していきます。その際、状況や状態について、良いことと悪いことの両面に目を向けてもらいます。こうして**問題の発生状況と問題が生じた際の自分や周りの人たちの状態を特定し、それらの関連性を明らかにする**のです。

次に、問題を解決するために、認知（考え方や受け取り方）や行動（振る舞いやリアクション）をどのように変えれば良いかについて相手に考えてもらいます。良いアイデアが浮かんだら、そのように認知や行動を変えると、現在の状況や状態のＳＰＡＣＥがどのように改善するのかを予想してもらいます。例えば、「こんな不合理なことがあるか！」というネガティブな

認知は、怒りや不満を呼び、攻撃的な行動を招き、過度のストレスをもたらします。これらの感情や行動、生理反応は、再び否定的な認知を引き起こします。この**負の連鎖を明らかにし、どのように今の考えや行動を変えたら状況や状態が好転するのかを考えていく**のです。

SPACEモデルは込み入っているので、これを正確に実施するのは実際には難しいかもしれません。そこで、**GROWモデルにSPACEモデルのエッセンスを取り入れてみましょう。**具体的には、GROWモデルによるコーチングを行う際に、R「現状の認識」のステップを、SPACEの五つの側面から捉えるのです。「今の人間関係はどうですか？（S）」、「生理面はどんな状態ですか？（P）」、「そこでどのような行動を取っていますか？（A）」、「〇〇についてどのように考えていますか？（C）」、「どのような気持ちですか？（E）」と、順に聞いていくだけでも構いません。その上で、O「選択肢の列挙」のステップにおいて、その選択肢を取ると五つの状況や状態がどのように変わるのかを考えてもらうのです。

何か問題が生じたら、結果や行動だけでなく、自らの内面に目を向けてそれらの影響関係を把握するのです。負の連鎖を断ち切る一手を打てば、状況と状態は好転していきます。もちろんこのようなことを、問題に直面して動揺している人が一人で行うのは困難です。そこで、**指導者が聴き手になり、相手を冷静で合理的な思考に導く**のです。

3　もしも壁にぶつかったら

あなたの指導がうまくいけば、指導生は徐々に能力を伸ばし、成績を上げていくでしょう。それでもいつか、壁にぶつかり伸び悩むときがきます。勉強や運動技能の向上には決まった法則があります。これを【学習曲線】といいます（図3・1）。成績を縦軸、時間を横軸に取ったとき、学習曲線は右肩あがりで高くなっていきます。ただし、直線ではなく、曲線であることがポイントです。

初めは順調に成績も向上していきます。それが徐々になだらかになっていき、ある段階で学習を続けているにもかかわらず伸びなくなってしまいます。時間だけは過ぎていきますから、

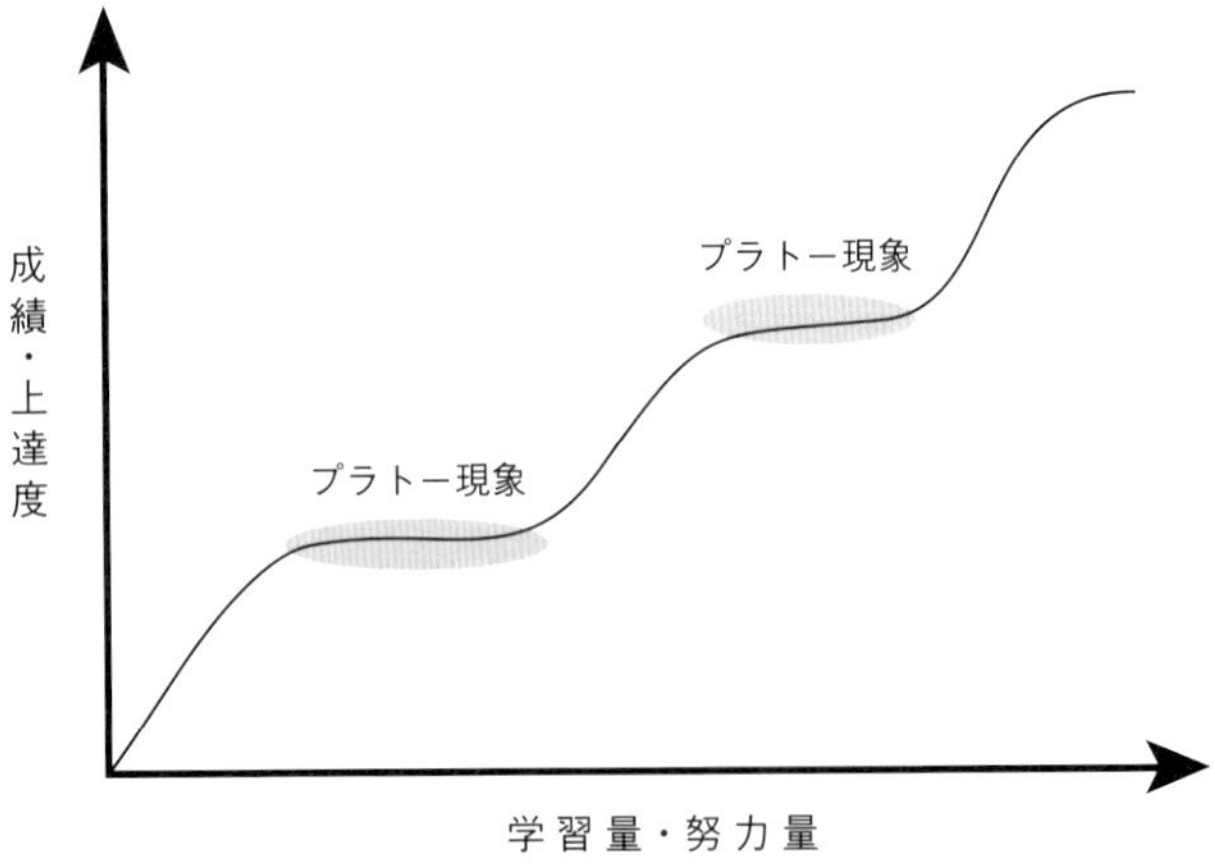

図3・1　学習曲線とプラトー現象

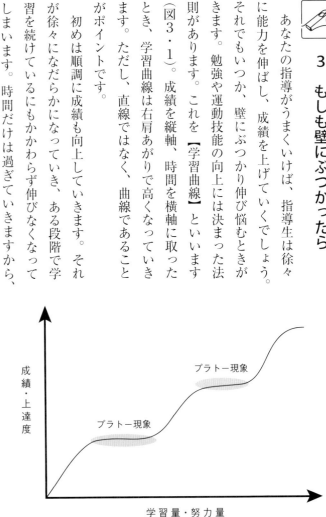

その間は学習曲線が水平線になってしまいます。この学習しているのに成績が停滞する現象を、【プラトー（高原）現象】といいます。ここで「自分には才能がない」とか「続けていても仕方がない」と諦めてしまう人が出てきます。しかしながら、これは次のレベルに移行する準備段階であり、どんな秀才やトップアスリートも経験することです。**指導生が壁にぶつかり伸び悩んでいるときは、「これは誰もが経験するプラトー現象だよ」と教えて、励ましてあげてください。**そして、「今はもう一つ上のステージに移行するために力を蓄えている段階だ。すぐには成績に表れてこないが、確実に学習の成果が蓄積されている」と励ましてあげてください。

Chapter 4

障害を理解する

こういう人に

◉ 精神を患った人にどう接する？

◉ 発達障害って耳にするけど何？

◉ 風変わりな人とどう付き合う？

10 精神的な問題を抱えた人を理解する

1　職場にはさまざまな障害を抱えた人がいる

「障害者雇用促進法」によって、障害を抱えた人々の法定雇用率が定められています。そのため、あなたの下にも、障害を抱えた人が部下として就くかもしれません。一般的に障害者と聞くと、身体障害者を思い浮かべるでしょう。その他にも、「精神障害」、「発達障害」、「パーソナリティ障害」といった内面的な障害があります（広義にはこれら三つを併せて精神障害といいますが、本書では分けて説明します）。

精神障害者は「精神や認知における変調」を、発達障害者は「行動における特有の困難さ」を、パーソナリティ障害者は「社会適応上、不都合な思考の偏り」をそれぞれ抱えています。**内面的な障害を抱えた人に「人を導くテクニック」をそのまま使ってしまうと、効果がないどころか、むしろ逆効果になってしまいます。**

障害とまではいえないもののその傾向がある人まで含めれば、むしろ何の問題もない人の方が少数かもしれません。もちろんリーダーであるあなた自身が、実は何らかの内面的な問題を抱えている可能性だってあります。

先述の「障害者雇用促進法」が改正され、二〇一六（平成二八）年度からは、内面的な障害を抱えた人も法定雇用率の算定基礎に加えられるようになりました。その傾向が見られる人だけでなく、これからは精神科医の診断を受けた人たちが職場に配属されてきます。**もしあなたが上司となったときに正しい知識をもっていなければ、内面的な障害を抱えた部下を困惑させたり、同じ職場の人たちが振り回されたりする事態を招いてしまいます。**

少なくとも、本章で紹介するような診断が下りている人は、医療、行政、福祉などのサポートを受けていることが多いです。また、大規模な企業では産業医がいるはずです。内面的な障害を抱えた人が職場にいることで、その上司が神経症やうつ病になるというケースは決して少なくありません。そのようなケースでは、**あなた一人で管理しようとせず、必ず産業医や医療機関と連携を図り、対応するようにしてください。**

第四章では、内面的な障害ごとに項を立てています。「自分の行動や考え方のせいで、周りの人との間で軋轢が生じている」と悩んでいる方や、部下や同僚の中に理解に苦しむ人がいて困っていたりする方は、該当する項を読むことで適切な対応の仕方を知ることができます。

障害か否かを診断する重要な基準は、「その特徴によって本人や周りの人が困っているかどうか」です。困るほどではない場合は個性の範疇ですが、それでも**それぞれの特徴に応じた接し方をすれば、相手と今より良好な関係を築くことができます**。もちろんここで取りあげるような障害ではないかと思われる場合も、決して自己判断で勝手に決めつけず、何か対応が必要な場合は専門家に相談するようにしてください。

2 脳の機能不全によって生じる精神障害

（1）統合失調症

【統合失調症】と診断されている人は現実にはありえない妄想をして、それを事実であると思い込んでいることがあります。幻視や幻聴などの幻覚を伴っているケースもあり、まとまりのない支離滅裂な言動を繰り返します。このような人は感情が欠如し、急にやる気をなくすこともあるため、仕事や人付き合いに支障が出ます。自己管理能力も著しく低下しているので、どうしても遅刻や欠勤が目立ちます。たとえ周りの人には理解不能であっても、本人には現実感がありますので、**統合失調症を抱える人の言動を頭ごなしに否定したり、理路整然と間違い**

を指摘したりしないようにしましょう。

（2）抑うつ障害

【抑うつ障害】と診断されている人は、明確な理由もないのに、気分がふさぎ込み、興味や喜びを感じなくなり、悲しみや空虚感のせいですぐに泣いたり、ネガティブなことばかり口にしたりします。全てにおいてやる気がわかず、思考力や集中力が減退した状態になります。また、不要な罪悪感を抱いたり、生きることが無意味に思えて死にたいと思い込んだりします。

中には、テンションが高いときと低いときの落差の激しい人がいます。このような人は、「躁状態」と「うつ状態」を繰り返す、【双極性障害】かもしれません。躁状態では気分が異常に高揚し、開放的な気分になります。また、怒りやすくなります。過度にやる気になり、目標に向けてとても活動的になりますし、根拠のない自信に満ち溢れます。また、頭の中にさまざまな考えが駆け巡って多弁になり、焦燥感に駆られて何らかの行為に夢中になります。

抑うつ障害でも双極性障害でも、**抑うつ状態のときは自殺や自傷の可能性が高まるので、部下の気分の状態にしっかりと気を配りましょう。**

（3）不安障害

その必要がないのに強い不安を感じて苦しんでしまう場合があります。【分離不安障害】と診断されている人は、愛着をもっている人と離れることを過度に恐れて不安になったり、他者から注目されたり、知らない人と会ったり話したりすることに過度な不安を感じたりします。また、突然激しい恐怖や強烈な不快感に苛まれ、動悸、発汗、震え、息苦しさ、吐き気、めまいなどの生理的反応が出て、自己喪失状態に陥る【パニック障害】もあります。他にも、電車やバス、広い場所、室内、まわりに大勢の人がいる場所でパニックを起こしてしまうことが怖くて、そのような場所に近づけない【広場恐怖症】もあります。

これらの人たちに対して、**「甘えだ」とか「何を心配することがあるのか」などという無神経な言葉をかけてはいけません。不安な心を汲み取り、配慮してあげてください。**

（4）強迫性障害

【強迫性障害】と診断されている人は強迫観念や強迫行動に苦しめられています。強迫観念は、常に思考に割り込んでくる不適切な思考や衝動、イメージのことです。本人はそれを無視したり抑え込んだりしようと努力しますが、それを防ぐことができません。強迫行動は、例えば、何度も手を洗ったり、何かを左右対称や順番どおりに並べたり、しつこくガスの元栓や戸締りを確認したりしてしまうことなど、それをしないとどうしても落ち着かないというものです。**彼らに「気にするな」と言っても意味がありませんので、なるべく本人が納得するようにさせてください。**

3　ストレスによって生じる精神障害

（1）ＰＴＳＤ

強烈なストレスを体験することによって罹ってしまう精神障害があります。その代表が【ＰＴＳＤ】です。これはPost-Traumatic Stress Disorder（心的外傷後ストレス障害）の略です。ＰＴＳＤは死にそうになったり、事故や犯罪、性的暴行の被害にあったり、他者がそのようなことに巻き込まれるのを目の当たりにしたときに生じます。仕事上の重大な失敗も同様です。ＰＴＳＤになると、ショックな出来事の記憶が頻繁に【フラッシュバック】し、再体験しているような感覚に陥ってパニックを起こします。そのときの記憶を思い起こさせるような何かを見るだけでも、苦しい気持ちになります。「あのときは大変だったね」といった声かけが、逆に相手を苦しめることにもなりますので、十分に注意してください。

ストレス体験をした環境から距離を置けば、時間とともに軽減していきますが、何かの拍子に思い出して、ＰＴＳＤがぶり返してしまうこともあります。**職場のハラスメントなどが原因でＰＴＳＤになった人が現場に復帰する際は、部署や業務などの労働環境を変えて、新たな気持ちで働いてもらうように配慮しましょう。**

（２）解離性障害

【解離性障害】と診断されている人は、意識や感覚、記憶や認知、感情や行動などにところどころ思い出せない空白があります。解離性という言葉は、自分の意識と自分自身がまるで別物のように離れてしまっているという意味です。気がついたら身に覚えのないことをしていたり、知らない場所にいたりします。重度になると記憶のない状態のときに別人格が現れ、多重人格になるケースさえあります。これは、強烈なストレス事態やトラウマから、自分の心を守るためと考えられています。ＰＴＳＤと同じように、**トラウマが原因の精神障害をもっている人には、なるべく嫌なことを思い出させないように配慮しましょう。**

11 発達的な問題を抱えた人を理解する

1　発達障害を抱えた人とどのように関わるか

発達障害が注目されるようになったのは最近のことです。そのため、まったく知識がない人もいるでしょう。発達障害は、特定の能力に問題があり、社会に適応する上で支障が出るような行動傾向を示します。日本社会では、自分を周りと比べる傾向が強く、「普通」であることを志向しがちです。このような社会において、発達障害という個性をもった人が、周囲の理解を得ながら才能を活かして生きていくのはまだまだ難しいというのが現実です。法改正に伴って、発達障害をもつ人（特に知的発達の遅れを伴う人）が、あなたの部下になる機会もこれから増えてきます。

発達障害に限らず、内面的な障害を抱えた人を指導するときは、「こいつは障害者だ」とか「普通ではない」という先入観を捨てなければなりません。なぜならば、指導者の指導生に対する捉え方が、教育方法に影響を及ぼすという現象があるからです。指導者が期待を寄せていると、指導生の態度や行動は、指導者の期待に沿った方向に変わっていきます。これを【ピグマリオン効果】（教師期待効果）といいます。逆に「こいつはできないやつだ」とか「うとましいやつだ」というレッテルを張ると、そのような接し方をしてしまい、それが相手のアイデンティティに悪い影響を及ぼしてしまいます。ですから、**人を育てるときは「自分の指導生はみんなすばらしい可能性をもっている」と期待しましょう**。そう思うことで、自然と指導方法や接し方が変わってきます。自分を認め受け入れてくれる人に反発する人間はいませんから、相手との関係も良好になり、教育効果はさらに高まります。

　また、後に紹介する発達障害であるＡＤＨＤの症状の一つに、【二次的障害】があります。これは、落ち着きがなく人の話を聞かないために、親や先生から何度も叱責を受け続けたことで、自分を受け入れてくれない大人や社会に対して反抗心が育ち、「反社会的性格」になるというものです。内面的な障害を抱えた人の多くが、周りの人たちに自分の性質をなかなか理解してもらえず、多くの叱責を受けて育ってきます。そのため、二次的障害はＡＤＨＤに限らず内面的な障害に共通して生じる危険があります。

　ただし、ＡＤＨＤを抱えた人は、一定数が反社会的性格をもって生まれてくるといわれているので、特に配慮が必要です。「人の言いなりになりたくない」とか「社会の常識を鵜呑みにしない」といった天性の気質を、良い方向に伸ばしてもらうためには、普通を志向した育て方を強要しないように心がけなければなりません。

幼少期から理不尽な思いを経験したら、大人に対する反発心や警戒心が強くなるのは当たり前です。**大人の理解を得られずに二次的障害をもつに至った部下に対しては、あまり大人然とせず、なるべく彼らと同じ視点に立って、フランクに接するようにしてください。**私の学生指導経験からも、「この人は他の大人とは違うな」と思ってもらえれば、やがて心を開いてくれるようになります。

2 知的能力に問題のある発達障害

(1) 精神遅滞

発達障害の代表的なものが【精神遅滞】です。知的障害と呼ばれることもあります。精神遅滞は、知的能力や社会生活能力の発達に遅れを示します。一般的な基準はＩＱ七〇以下かどうかです。ちなみに、ＩＱは同年齢の知的能力を一〇〇としたときに、どの程度の水準なのかを表したものです。

精神遅滞の原因は遺伝ではなく、染色体異常や生後の栄養障害などによって引き起こされるというのが定説です。特に、妊娠中や授乳期間中に、薬の服用や喫煙、飲酒などによって、薬理的に精神遅滞が発生するリスクが高まります。また、脳が急激に成長する乳幼児期の栄養状態には細心の注意を払わなければなりません。これらのことは、精神遅滞に限らず他の発達障害にも影響しますので、絶対に厳禁です！　**精神遅滞をもつ人に複雑な仕事は難しいかもしれませんが、軽作業は行えますので、適切な仕事を与えて、やりがいを感じてもらえるように配慮しましょう。**

（2）ＬＤ

精神遅滞に加えて、知的能力に関する発達障害に【ＬＤ】があります。これはLearning Disabilities（学習障害）の略です。ＬＤを抱えた人は全般的な知的発達の遅れはありませんが、「聞く」、「話す」、「読む」、「書く」、「計算する」、「推論する」など、学習に必要な基礎能力のいずれかに問題があります。他の勉強や知的活動は普通にできるのに、なぜか特定のことだけは何度説明しても本人がどれだけがんばってもうまくできないというときは、ＬＤの可能性があります。ＬＤをもつ人は知能に問題はなく、またそれ以外のことは問題なくこなせます。そのため、**指導している方は「こいつはサボっている」と勘違いし、叱責してしまうことがあるので気をつけましょう。**

3　行動に特徴のある発達障害

（3）広汎性発達障害／自閉症スペクトラム

【広汎性発達障害／自閉症スペクトラム】と診断されている人は、社会性に問題を抱えています。この障害をもつ人は、人の心を推察したり共感したりすることが苦手です。また、特定のことに異常にこだわり、数字や法則などに強い興味を示します。お決まりのパターンやスケジュールを乱されたり、予定が急に変更になったりすると、混乱してパニックになってしまいます。

「広汎性」や「スペクトラム」という言葉が使われるのは、自閉的な性質をもつ点では共通していますが、知能が人によって大きく異なるからです。基準は精神遅滞と同じくＩＱ七〇といわれています。これを下回っていると、【（低機能）自閉症】となります。精神遅滞の人には明朗で社交的な人も多いのですが、（低機能）自閉症の人は社会性も乏しいため、社会適応がより一層困難です。

一方、知能に問題がない場合を【高機能自閉症】といいます。高機能と付くのは、知能が人並みに高いという意味です。「アスペルガー症候群」ともいわれていました。（低機能）自閉症者は、一般企業に配属されることはあまりないかもしれませんが、知能に問題のない高機能自閉症者は、これから同僚や部下になるケースも多くなるでしょう。

彼らは「周りの人が笑っている冗談が理解できない」、「言わなくてもわかるような暗黙の了解を察しない」、「人がなぜ喜び怒り悲しむのかわからず共感できない」といった自閉症特有の特徴をもっています。そのため、相手の気持ちに応じて、柔軟に対処しなければならないような仕事は苦手です。

その一方で、**高機能自閉症者は几帳面な性格で、コンピュータのような正確さを好むので、繰り返し行う作業、正確さが求められる仕事、事務仕事、知的労働などに適性を示します。**彼らは決まりごとをとても重視します。ですから、高機能自閉症者を育成する際は、「人に会ったら挨拶をする」、「誰かが悲しんでいたら自分も悲しそうな顔をする」から始まり、こんなときはこうするという社会や仕事上のルールを、一つずつ教えていくと良いでしょう。それにより、何の問題もなく（むしろ普通の人よりもきっちりと）職務をこなす人材に育ってくれます。

（4）ADHD

【ＡＤＨＤ】は、Attention Deficit Hyperactive Disorders（注意欠陥・多動性障害）の略で、「注意欠陥」と「多動性障害」のどちらか、または両方を特徴としてもっています。注意欠陥をもつ人は注意のコントロールが苦手なので、興味のあることに没入する一方で、人の話や指示をよく聞いておらず、すぐに違うものに気が散ってしまいます。もう一つの多動性をもつ人は、じっとしたり黙っていたりするのが苦手なので、落ち着きがありません。また、多動性と「衝動性」を併せもっている人も少なくありません。こういう人は一度やりたいと思ってしまったら、我慢できずにすぐその場で行動してしまいます。

このようなＡＤＨＤの性質は、学校教育や団体活動にはあまり向いていません。そのため、幼少期には授業中に立ち歩いたり、勝手におしゃべりをしたり、先生の話を聞かずに他のことを考えていたりといった問題行動が目立ちます。

ただし、**大人になれば（大人ＡＤＨＤ）、個人の裁量が許されるような職業においてＡＤＨＤのもつ性質を活かすことができます**。ＡＤＨＤをもつ人は正確さが求められる仕事や流れ作業などは向いていませんが、とても活動的なので仕事を精力的にこなします。会議でも（関係のないことまで）さまざまなことを思いついて積極的に発言します。また、注意のアンテナが広いので、さまざまな情報を拾ってくれるでしょう。

高機能自閉症がコンピュータのような知性派であるのに対し、ＡＤＨＤは活動的でにぎやかな行動派です。彼らは生まれつきそういう脳をもった人たちといわれています。社会適応に特有の困難さをもってはいますが、能力の長所と短所が強く出ているという意味では個性です。

高機能自閉症やＡＤＨＤの特徴を理解して、それを活かせる環境と職務を与えれば、彼らは普通の人よりも大きなパフォーマンスを挙げてくれることでしょう。

12 パーソナリティに問題を抱えた人を理解する

1 パーソナリティ障害を抱えた人とどのように関わるか

第一章でも書いた通り、パーソナリティを変えるのは容易ではありませんから、パーソナリティ障害を改善することもとても困難です。そのため、パーソナリティ障害を抱えた部下をもったら、それらを個性として受け止めて、問題なく職務を遂行できるように導いていきましょう。

ただし、パーソナリティ障害を抱えた人との関わりは、専門の医療従事者（精神科医やカウンセラー）でも難しいといわれています。精神障害や発達障害以上に**サポート機関との連携を密に図るように心がけてください**。孤立は厳禁です！

パーソナリティ障害は、「他者を拒絶し、他者との交流を回避するA群」、「自分本位で、協調性のないB群」、A群とは逆に「自分を拒絶し、他者との交流を希求するC群」に三分されています。

世の中にはさまざまなパーソナリティをもった人たちがいますが、その中で「障害」と診断されるのは、社会に適応し自立的な生活を営むことが困難な人たちです。**社会適応に最も重要なパーソナリティは、他者と積極的に交流して協調しようとする「社交性」です**。そのため、多様なパーソナリティの中でも、社交性に関わる問題が特に障害として特定されているのです。

また、パーソナリティ障害の中でも、**B群は人の上に立ったときに部下にハラスメントを行う危険性がとても高いです**。自分にそのような傾向がないか、自省的に読むようにしてください。

2 他者との交流に問題のあるパーソナリティ障害（A群・C群）

（1）猜疑性／妄想性パーソナリティ障害

【猜疑性／妄想性パーソナリティ障害】と診断されている人は、人間不信で疑い深く、すぐに被害妄想を抱きます。この障害をもつ人は、一度でも侮辱や軽蔑をされたり傷つけられたりすると（またはそのような被害妄想を抱くと）、そのことをずっと恨み続けるという執念深さをもっています。事実無根であっても、本人はそれが正しいと思いこんでいるわけですから、「それは君の思い過ごしで事実とは違うよ」などと指摘しても余計に嫌われるだけです。「北風と太陽」の童話のように、**ポジティブな評価とこちらはあなたを仲間だと思っているというメッセージを与え続けることで、自ら上司や同僚を信頼して心を開くように導きましょう。**

（2）ジゾイド／スキゾイドパーソナリティ障害

【ジゾイド／スキゾイドパーソナリティ障害】と診断されている人は、他者に興味がなく孤独を好みます。彼らは、対人場面において感情の起伏があまり見られず、冷笑家で、他者からの称賛や批判にも無関心です。一部の人を除いて親しい友人や信頼できる友人はほとんどいませんし、異性やおしゃれにも興味がありません。当然、職場において同僚と協同的な関係を作ろうとせず、孤立してしまいます。**彼らに無理にペアを組ませて協同作業を提案しても精神的な負担を与えるだけなので、個人で行う仕事を与えて活躍してもらいましょう。**人間関係を考慮しないため、ディスカッションでは鋭い指摘をしてくれることもあります。

(3) 統合失調型パーソナリティ障害

【統合失調型パーソナリティ障害】と診断されている人は、歪められた思考と風変わりな行動が特徴で、奇異な外見を好みます。このような人は空想家で、迷信深く、超能力や魔法、神話やファンタジーなどに強い関心を示します。一方、事実や他者に対しては変に疑い深く、社会や人間関係を過剰に恐れ、不適切な感情を抱きます。人によっては霊体験や神秘体験をもっていることがあります(あると思い込んでいます)。考え方も独特で、話し方は抽象的でまわりくどい反面、必要以上に細部にこだわってくどくど話します。新興宗教の教祖や霊能力者には、統合失調型パーソナリティの人が多いといわれています。

このような人は、独特の不思議な雰囲気をもっており、取っ付きにくい印象を与えます。本人がそうだと思い込んでいることにいちいちケチを付けたり否定したりせず、**「大人の対応」**

を心がけ、仕事だけはしっかりと行ってもらいましょう。

（4）回避性パーソナリティ障害

【回避性パーソナリティ障害】と診断されている人は、批判や否定的な評価をされたり、拒絶されたりすることを極度に恐れるあまり、極端に他者とのかかわりを避け、自分を出しません。このような人はよほど相手から好かれているという確信がもてなければ、他者と交流しようとしません。たとえ親密な相手であっても、恥をかかされたり、嘲笑されたりすることを常に恐れています。彼らは劣等感が強いのです。そのため、接客業など他者とコンタクトしなければならない仕事は苦手です。また、**否定的な評価をされると簡単に心が折れてしまうので、言葉かけには細心の注意を払いましょう。**

（5）依存性パーソナリティ障害

【依存性パーソナリティ障害】と診断されている人は、他者に世話をしてほしいという願望が強く、そのために依存対象に何とかすがりつこうとします。他者から背中を押してもらえないと何も決断できませんし、何でも他者に責任を取ってもらおうとします。従属的で他者の意見に反対しませんし、助けてもらうためならば不快なことでも何でもします。もしも他者から見放されようものならば、不安のあまりパニックになります。

これらの不適切な行動は、極端に自信がないことの現れです。ですから、上司であるあなた自身や先任の同僚が**しっかりとサポートする体制を準備し、少しずつ仕事に慣れて、自分でできるという自信をつけてもらうように導きましょう。**

（6）強迫性パーソナリティ障害

【強迫性パーソナリティ障害】と診断されている人は、部下よりも上司にいると大変なタイプですが、完璧と秩序を求め過ぎて、柔軟性や効率性を欠いています。全てを自分の思い通りにしたいと思い、ルールや手順、予定などを厳密に準備してそれらを厳守します。道徳、倫理、法律なども決して破りません。彼らは過剰に頑固で、融通が利かないパーソナリティをもっているのです。また、使い古したものをいつまでも使い続けようとするなど、蓄財家でケチな性分であるともいわれます。

このような人は、他人にも自分のやり方に従うことを求め、従わない人と一緒に仕事をするのを嫌がります。そのため人の上に立つのはあまり向いているとはいえませんが、昨今やかましくいわれるコンプライアンスの遵守にかけては、他者の追随を許しません！ 融通が利かな**いという性質を活かして、規則の絶対遵守が求められるような仕事を任せましょう。**

3 協調性に問題のあるパーソナリティ障害（B群）

（7）反社会性パーソナリティ障害

【反社会性パーソナリティ障害】と診断されている人は、通常、良心や道徳心が欠如しているとされます。彼らは冷酷でイライラしやすく攻撃的なので、すぐに暴力を振るい他者をいじめてしまう恐れがあります。他人の権利を平気で侵害し、バレなければ大丈夫だと考えて簡単に違法行為に手を染めます。それらの悪事がバレそうになったら、嘘をついて話をでっち上げ、自己正当化を図ろうとします。

彼らは自分の利益や快楽に忠実で、後先を考えずに衝動的に行動してしまいます。先の強迫性パーソナリティ障害とは逆に、**反社会的パーソナリティをもつ部下に責任のある仕事を任せるのは考えものです。もし任せてしまうと、会社の信用を大きく失墜させかねません。**

（8）境界性パーソナリティ障害

【境界性パーソナリティ障害】と診断されている人は、仲が良いときは優しく接しますが、相手が自分を見捨てたり裏切ったりしたと思うと、なりふり構わない行動に出て、相手に暴言を吐いたりこき下ろしたりします。

このような人は怒りの感情をコントロールすることが苦手で、理不尽なことで急に激怒します。自己評価面でも、自分は傑物だと誇大妄想を抱くことがあれば、過小に評価して落ち込むこともあります。ストレスが溜まるとギャンブルや無駄遣いで散財したり、人や物に暴力をふるったり、酒・薬物・性行為に溺れたりします。

このような部下をもった場合は、他の内面的な障害と同様に、受容的に接するように心がけてください。**神経質で怒りっぽいので、逆にこっちがイライラすることもありますが、決して突き放してはいけません**。ストレス事態に弱いですが、物事が順調に進んでいるときは問題行動を起こすことはありませんので、日ごろから目をかけて、ガス抜きをしてあげましょう。

（9）演技性パーソナリティ障害

【演技性パーソナリティ障害】と診断されている人は、人の注意を引こうとして大げさに演技をします。みんなの注目の的になっていないと気が済まない性質のため、外見を魅力的に見せたり性的にアピールして、他者を誘惑したり挑発したりします。また、他者の関心を引くために、わざと泣いたり怒ったりするなど、芝居がかった感情表出をします。話し方は一見印象的ですが、内容は大したことがありません。また、虚言癖があるので、その真偽も怪しいものです。

とはいえ、情緒が不安定で傷つきやすいので、「相手にしない」というスタンスで接してはいけません。愛情に飢えているので、**普段から受容的に接し、演技や虚言をしなくても仲間の一員としてみんなから愛されていることを、実感させてあげてください。**

⑽ 自己愛性パーソナリティ障害

【自己愛性パーソナリティ障害】と診断されている人は、自己を過大に評価し尊大で傲慢に振る舞います。このような人は決して少なくありません。自分はとても偉くて優れていると勘違いして、実際にそのように振る舞いますが、実際はそれほど才能や業績があるわけではありません。その反動か社会的成功や絶対的な権力、ずば抜けた才能や美貌、理想的な愛などを強く志向します。また、しばしば他者に嫉妬しますし、逆に自分は他者から嫉妬されていると思い込みます。もしも周りに理解されないと、「凡人には私のような偉大な人間は理解できない」という考え方をします。

彼らは自分本位で共感性が乏しいので、他者の気持ちを理解しようとはしません。何かと自慢してくる人間はどこにでもいますが、実は彼ら自身が、自分には大した実力がないことに気づいているのです。そのため、わざと偉ぶってみたり、他者から賛美されたりしようとするのです。

このような部下をもったら、**コーチングのテクニック**（☞第三章）**をうまく使って、真の実力を付けさせるように指導しましょう**。すなわち、簡単な課題を与えて成功体験を積ませ、成功したらその努力をほめ、真の実力と自信をつけてもらうのです。

以上、ここで取りあげたパーソナリティ障害の傾向はあくまで精神医学的な診断基準です。そのため、やや断定的な表現をしているところもあります。ここで取りあげたような傾向をもっている人と出会った場合は、互いの信頼関係に関わりますので、決して決めつけるようなことはせず、具体的な対応が必要な場合は必ず専門家に相談するようにしてください。

Chapter 5

人をリードする

こういう人に

◉ リーダーに向いていないかも
☞13 リーダーとして認められるには

◉ 自分はどんなリーダーだろう
☞14 リーダーシップにはスタイルがある

◉ サブリーダーは何をするべき？
☞15 チーム活動を促進する

13 リーダーとして認められるには

1 リーダーに相応しい人とは

リーダーとは、その名の通り「人々を導く者」です。このリーダーが、チームの目標を達成するためにメンバーやその活動に影響を及ぼすことを【リーダーシップ】といいます。この章では、効果的にリーダーシップを発揮する方法について紹介します。

あなたはリーダーとしての素質をもっていますか？　「私は生まれつき人の上に立つ才能がある」と思っている人もいれば、「私は人の上に立つような器ではない」と思っている人もいるでしょう。周りを見渡してみても、抗えないほどのカリスマ性を感じさせる人もいれば、思わずプライドはないのかと言いたくなるほどに子分気質の人もいます。

では、リーダーにふさわしい資質とは、どのようなものなのでしょうか？　優れたリーダーの資質は、「知能」、「素養」、「責任感」、「参加性」、「地位」の五つです。たしかに、判断力があり、アイデアに溢れ、知性的な人は、リーダーに向いていそうです。健康的で体力もあり、経験豊富で博識な人は、頼りがいのあるリーダーになることができるでしょう。もちろん、責任感の強い人でなければ、安心してリーダーを任せられません。メンバーたちと距離を置く内向的な人よりも、明るく社交的な人の方が良いに決まっています。できれば、社会的にも認められている名士の方が、みんなの代表者として相応しいでしょう。

そうなると、「自分はあまり考えるのが得意じゃないし、身体やメンタルも弱いから、責任の重圧にはとても耐えられない。それに、他の人とコミュニケーションを取るのも得意じゃないし、気疲れしてしまう。第一、経験も乏しいし、社会から評価されているわけでもない」などと思っている人が、リーダーを務めるのはなかなか難しそうです。

それでも会社勤めをしていれば、仕事をこなしていくうちに出世して、部下をもつようになるでしょう。もしも教職の道に進んで教師になるならば、一年目から自分の学級を率いることになります。プライベートでも、子どもができたら親としての務めを果たさなければなりません。「向いている－向いていない」、「望む－望まない」にかかわらず、多くの人がいずれは何らかの形で人の上に立つことになるのです。確かにリーダーに向いている資質というものはあるでしょう。しかしながら、リーダーシップはテクニックです。そのため、**テクニックを使えば、誰でも効果的なリーダーシップを発揮することができます。**リーダーシップのテクニックを習得し、それらを積極的に実践で活用することで、必ず良いリーダーになれるのです。

2　影響力をもっていると思わせよう

みんなで課題を解決しなければならないとき、人の上に立ちたがる人はすぐにチームを仕切ろうとします。しかしながら、勝手に方針を決めてメンバーに指図しても、誰も言うことなんて聞くわけがありません。リーダーは、メンバーからリーダーとして認められなければならないのです。**リーダーとして認められるためには、メンバーに対して影響力をもつ必要があります。**影響力はリーダーシップを発揮する源泉になります。この影響力のことを**【社会的勢力】**といいます。

では、どのようにすれば社会的勢力をもつことができるのでしょうか？　社会的勢力には六種類あります。このうちの一つでももっていれば、メンバーはあなたの命令や指示に従ってくれます。次の社会的勢力のうち、自分がもつことができそうなものはないか、探してみてください。

（1）正当勢力

あなたが上位組織からリーダーとして任命された場合、【正当勢力】をもつことができます。「しかるべき地位に立ち、権限を行使することを許されているのだから、部下に対して影響力を及ぼすのは正当だ」ということです。この場合、組織において、その地位が尊重されていなければなりません。お飾りの地位では、正当勢力はもてないということです。軍隊や運動部などで上下関係を厳しくするのも、正当勢力を維持するためです。**正当勢力は、職位や上下関係が徹底されている組織において正しく機能します**。また、この勢力は組織内限定の勢力ですので、プライベートで発揮しようとしても無意味ですし、組織を抜けた人間に対しても効果を発揮しません。

（2）報酬勢力

人は、自らの欲求を満たすために組織に所属しています。そのため、**メンバーはリーダーが自らの欲求を満たす力をもっていると判断すると、アメを得るためにリーダーの指示に従おうとします**。このとき、リーダーは【報酬勢力】をもっていることになります。報酬勢力におけるアメの与え方は、相手の喜ぶことをするか、相手が嫌がることを取り除くかです。会社組織では、人物評価や査定を行う権限などが報酬勢力の源泉となります。ただし、アメは金品や査定の評価だけではありません。人間は、精神的なご褒美を求める生き物です。ですから、ほめ言葉や感謝も魅力的なアメになります（しかもノーコストです！）。恋愛関係では彼氏や彼女に喜んでもらうために、相手の望みを叶えようとします。祖父母が孫の喜ぶ顔を見たいがために、言われるがままおもちゃを買い与えます。喜ばれることがアメになっているのです。

報酬勢力の発展的な活用法があります。**あなたがプロジェクトの代表として、部下をいくつかの班に分けて課題に取り組んでもらう際には、各班の班長に報酬勢力を付与してあげましょう。**「班長に、班員の成績評価について参考意見を聞くぞ」と事前に宣言するのです。そうすることで、班長は報酬勢力を源泉に、班員に対してリーダーシップを発揮することができます。個々の班の活動が活性化し、結果としてプロジェクト全体のパフォーマンスが向上します。

（3）罰勢力

報酬勢力と対になるのが【罰勢力】です。メンバーになめられず、言うことを利かせるために怖い指導者を装うリーダーは、この罰勢力を獲得しようとしているのです。ムチの与え方は相手の嫌がることをするか、相手の喜ぶことを取り除くかのどちらかです。罰勢力を源泉にして、効果的にリーダーシップを発揮するためには、「自分の不興を買うようなことをしたらひどい目に合う」ということを、メンバーに知らしめるのが一番です。また、報酬勢力と同じように、査定の権限をもっていることを意識させるのも良い方法です。**罰勢力は実際に行使するよりも、行使する力をもっていると相手に意識させるのがポイントです。**もちろん不適切で不公平な行使をしてしまうと問題を招く可能性が高くなるので注意が必要です。

3　頼りになると思わせよう

（4）情報勢力

課題を取り巻く組織内外の情報や、現在の成果に関するフィードバックなど、メンバーが必要な情報を適宜与えるのも、リーダーの重要な仕事の一つです。このような能力を【情報勢力】といいます。情報勢力を獲得するリーダーは豊富な経験と知識を有し、上部組織の動向や考えを正しく理解し、部下の作業の進捗状況を把握しておかなければなりません。作業を行う上で、必要な情報を与えてくれるリーダーはとても頼りにされます。

（5）専門勢力

人は専門家の言うことに弱いものです。例えば、医者から健康に関する注意を受けたり、弁護士に法律に関するアドバイスをされたりしたら、それを全否定して言うことを聞かない人は少ないでしょう。それは、相手が【専門勢力】をもっているからです。あなたがリーダーになったときは、**自分はこの分野に関して専門的な知識や技能をもっているということを、メンバーにアピールしましょう**。メンバーに「リーダーはこの分野の専門家や第一人者だ」と思わせるのです。そうすれば、少なくともその分野に関することについて、メンバーは指示に従ってくれます。

ちなみに、専門勢力は情報勢力と異なり、本当にそのような専門知識をもっていなくても、専門家だと思わせさえすれば影響力を発揮することができてしまいます。詐欺師の常套手段ですが、国家資格をもっていなくても、白衣や弁護士バッチを身に着けて、一般人が知らないような専門用語を散りばめて話をすれば、相手に医者や弁護士だと勘違いさせることができます。こうして専門勢力を得ることができれば、専門的な内容に関する事柄について、容易く相手をだますことができます。「だから、活用しましょう！」と言っているのではありません。自分が引っかからないために、気をつけておいてくださいということです。

（6）参照勢力

正当勢力や報酬・罰勢力は、地位や権限に由来する勢力です。また、情報勢力や専門勢力は、個人の能力に基づく勢力です。これらはいずれもこちらから相手に影響力を行使する際の源泉になります。すなわち、アクティブな社会的勢力です。対して、【参照勢力】だけは、相手が勝手にこちらの影響を受けるというパッシブな社会的勢力です。**リーダーがカリスマ性をもっていると、メンバーはリーダーに喜んでもらおうと、率先してこちらの望む行動をしてくれます**。また、メンバーはリーダーに憧れているので、「リーダーみたいになりたい」と思って、リーダーの行動を進んで真似ようとします。これだけは狙ってできるものではありませんが、メンバーから憧れられるような言動を、日ごろから心がけるようにしておきましょう。

リーダーになったら、メンバーに対する社会的勢力をいくつか確保しましょう。そうすることで、メンバーは必ずあなたについて来ます。たとえ自分の資質がリーダーに向いていないと思ったとしても、社会的勢力をもってさえいれば、メンバーはあなたの指示に従ってくれます。そもそもリーダーの資質は、社会的勢力のうち参照勢力にしか直接関係していません。**カリスマ的リーダーさえ目指さなければ、誰にでもリーダーは務まる**のです。

14 リーダーシップにはスタイルがある

1 リーダーには三つのスタイルがある

みなさんの中には「メンバーを自分の意のままに動かしたい」という人もいれば、「メンバーが活動しやすいようにサポートしてあげたい」と思う人もいるでしょう。**リーダーシップにはいくつかのスタイルがあり、チーム活動のパフォーマンスを左右します。**代表的なものが「専制型」、「民主型」、「放任型」の三種類です。

専制型のリーダーは、チームの目標やルール、活動内容などを全て自分で決めようとします。自分の気に入らないことはぶちこわしますし、命令するときもメンバーの個人的な都合に耳を貸しません。まさに独裁者といった雰囲気です。一方、民主型のリーダーは、全てを話し合いによって決め、自らはアドバイザーやサポーターに回ります。残る放任型のリーダーは、全てメンバー任せで自分は何もしようとはしません。「リーダーシップを発揮しない」というスタイルですから、もはやリーダーとはいえません。にもかかわらず、自主性を尊重するという名目で、放任型になっているリーダーは意外と多いものです。

これら三つのスタイルのうち、民主型が最も良いといわれています。民主型のリーダーの下では、メンバーはチームへの関与度を高め、創意工夫しながら自主的に行動しようとします。そのため、作業の質と量は良好ですし、チームの雰囲気も友好的です。

次点は専制型です。作業の量は民主型を上回りますが、メンバーの「やらされている感」が強くなるので、作業の質はあまり高くはありません。また、言われた通りにしか動かないため、創意工夫もみられません。モチベーションも低く、リーダーがいるときは一生懸命頑張りますが、リーダーのいないときはサボってしまいます。チームの雰囲気もギスギスしてしまいます。

最も悪いのは、当然ながら放任型です。どうしても緊張感が欠けますし、メンバーもやる気が出ないため、作業の質や量は芳しくなく、チームとしてのまとまりもみられません。

ここまで読めば、「よし、私も民主型でいこう！」と誰しも思うでしょう。しかしながら、実際はもう少し複雑です。**チームの状況に応じて、最適なリーダーシップ・スタイルは異なるのです**。そのため、専制型が良い場合もあります。では、どのようなときに、民主型よりも専制型の方が効果的になるのでしょうか？

リーダーシップ・スタイルの効果を左右するのは、「チームの成熟度」です。チームの成熟度とは、メンバー間の連携やメンバー個人の作業練度など、チームがその課題を遂行するために必要な状態のことです。

成熟度の低いチームは、一人ひとりがどのように動けば良いかわかっていませんし、協同的な関係もできていません。そんな中で、みんなの意志を尊重しようとしても話は進みません。メンバーは、やるべきことやそのやり方を、早く教えて欲しいと思っています。そのため、**成熟していないチームでは、専制型のリーダーシップを発揮し、てきぱきと指示を出しましょう**。そうすることで全体の課題を進展させつつ、その中でメンバーとチームを育てていくのです。

チームでの活動を積み上げていく中で、成熟度が中程度まで上がってくると、一人ひとりが仕事に慣れ、チームとしてのまとまりもできてきます。この段階になると、民主型が効果的です。メンバーの意見を尊重しながら、話し合いで方針を決定していくようにしましょう。**ある程度成熟したチームでは、リーダーは一歩引いて全体を見渡して、メンバーがうまく仕事できているか、また、メンバー同士が邪魔しあわずに、連携できているかを見守る**のです。

さらにチームの成熟度が増し、プロフェッショナル集団になると、再び専制型が効果的になります。メンバーは、自分が何をするべきかを理解しており、どのようにすればうまくできるのかを知っています。そのため、**成熟したチームでは、リーダーはメンバーに甘えや気のゆる**

みがでないように厳しく監督しつつ、各人がさらに上のレベルに成長するように要求し、そのために必要な専門的なアドバイスを与えるのです。チームが十分に成熟していれば、放任型でもメンバーは自分たちで全てを決めて、それなりに課題をこなすことができるでしょう。しかしながら、やる気を高めたり、高度な技術指導をしたりしてくれる人が不在では、チームやメンバーはそれ以上成長できません。リーダーはチームの成熟度に応じて、リーダーシップ・スタイルを使い分ける柔軟性が求められるのです。

2　PとMのリーダーシップ

先ほどは三タイプに分類しましたが、リーダーシップを二つの要素を組み合わせて整理することもできます。

その代表的なものが【PM理論】です。次のページのリーダーシップ尺度に回答してみてください。

①〜⑧が「課題遂行」のP（Performance）、⑨〜⑯が「関係維持」のM（Maintenance）です。それぞれ○の数によって、あなたが**リーダーを務める上で、課題遂行を促すことを重視**

あなたは普段、部下に対してどのように接しているでしょうか？
16 項目のうち、当てはまる項目に○印を付けてください。
次に、①〜⑧と⑨〜⑯の○の数を、下線部に記入してください。

① 規則を守ることを、部下に強く求めますか？	□
② 仕事に関する指示・命令を、部下によく与えますか？	□
③ 部下の仕事量について、口酸っぱく言いますか？	□
④ 期限までに仕事を完了するように、部下に強く求めますか？	□
⑤ 部下を最大限に働かせようとしますか？	□
⑥ 部下が仕事でミスをしたときは、その仕事ぶりを強く叱責しますか？	□
⑦ 仕事の進み具合について、報告をよく求めますか？	□
⑧ 毎月の目標達成のための計画を、綿密に立てていますか？	□
①〜⑧の合計：＿＿＿＿	
⑨ 部下は仕事のことで、気軽に話しかけてきますか？	□
⑩ 部下を全面的に支持していますか？	□
⑪ 部下の個人的な問題に、常に気を配っていますか？	□
⑫ 部下を心から信頼していますか？	□
⑬ 部下が良い仕事をしたときは、心から部下を認めてあげていますか？	□
⑭ 職場で問題が起こったときは、常に部下の意見を求めますか？	□
⑮ 昇進や昇給など部下の将来について、常に気を配っていますか？	□
⑯ どのような部下も、公平に扱っていますか？	□
⑨〜⑯の合計：＿＿＿＿	

このテストは、以下の研究の尺度を自答選択式に変更したものである。
三隅二不二・関　文恭・篠原弘章（1974）．PM 評定尺度の再分析　実験社会心理学研究，*14*，21–30．

しているか、関係維持に努めることを重視しているかがわかります。①～⑧の○の数が五つ以上でP型リーダー、⑨～⑯の○の数が五つ以上でM型リーダーです。

①～⑧の○の数が多いほど、P型リーダーとして課題の達成を第一に考えたリーダーシップを行います。一方、⑨～⑯の○の数が多いほど、M型リーダーとしてチーム内の雰囲気や人間関係、メンバーの気持ちを尊重し、これらを向上させることを目的としたリーダーシップを行います。また、PとMの組み合わせなので、PとMの両方を兼ね備えたリーダー（PM型リーダー）や、どちらももっていないリーダー（pm型リーダー）も存在します。**PとMの両方を重視するリーダーは、専制的にも民主的にもなれるので、あらゆるチーム状況や課題に対応することができます。**一方、PとMのどちらも低いリーダーは、放任型と同じです。

3　チームの中にPとMがあればよい

チームには、P型のリーダーシップとM型のリーダーシップの両方が必要です。

もしもあなたがP型リーダーならば、課題達成に気をとられて、メンバーの気持ちやチームの雰囲気には無頓着になってしまいます。そのため、チームのモチベーションが下がり、離脱者が出るかもしれません。結果として、チームの成績は低下してしまいます。

一方、あなたがM型リーダーならば、仲の良さばかりが気になってしまうので、チーム内に甘えや惰気が生じて、上下関係や役割分化が曖昧になりがちです。そのため、チームはただの仲良しグループになってしまいます。当然、パフォーマンスはそれほど期待できません。

P型リーダーやM型リーダーは、チームを率いる際に、自分の志向しない方のリーダーシップを意識して行うようにしましょう。具体的には、P型リーダーは時間の無駄だと思っても、集団内の雰囲気やメンバーの気持ちに意識を向けるように心がけましょう。一方、M型リーダーは課題遂行の指示を与えたり、サボっている人に注意を与えたりしましょう。こうすることで、どちらもPM型リーダーに近づくことができます。

さて、P型リーダーとM型リーダーの両方を、一人が兼ねなければならないというわけでもありません。**チーム内にサブリーダーを設けて、リーダーとサブリーダーで、P型リーダーとM型リーダーを分担する**という方法もあります。

チームで最も重要なのは、サブリーダーの存在かもしれません。厳格で課題遂行を志向するP型リーダーと、リーダーをうまくサポートしつつ、メンバーの不満やチーム内の雰囲気に適切に対処していくM型サブリーダーの組み合わせ、またはその逆に、カリスマ性がありみんなに慕われているけれど、指示管理は今一つのM型リーダーと、その陰でメンバーに目を光らせ、チーム内に惰気が広がらないように釘を刺すP型サブリーダーという組み合わせです。前者は、例えば「サザエさん」の波平とふねのような一昔前の家長制度の構図ですし、後者は新撰組の近藤勇と土方歳三の組み合わせが思い浮かびます。いずれも、サブリーダーがチームをチーム足らしめているといえるでしょう。

15 チーム活動を促進する

1 ファシリテーターの役割と心構え

多くの企業では、プロジェクトごとにチームを組んで活動します。プロジェクトでは、メンバーが積極的に活動に参加し、一丸となって課題に取り組まなければなりません。この全員参加を促進し、チームを一丸にするための方法が【ファシリテーション】です。ファシリテーションとは、「活動を促進するためにサポートする」という意味です。

チームが機能するためには、チーム内に受容的な信頼関係を形成するとともに、メンバー間の意見や感情的な対立を予防・解消するように努める必要があります。リーダーが前面に立ってチームを引っ張っていく役割であるのに対し、ファシリテーターはメンバーやチームが円滑に活動できるように、裏方となってみんなを助けるという役割です。PM理論（☞一一三頁）におけるM型リーダーシップと一部重なっています。もしもP型とM型を分業するならば、ファシリテーターは主にサブリーダーが担当することになるでしょう。ファシリテーターのサポートによって、メンバーはチームに愛着をもち、チームのために自分の力を十全に発揮するようになります。

良いファシリテーターになるためには、ファシリテーターとしての心構えをもたなければなりません。

第一の心構えは、「受容的な雰囲気を確保する」ということです。他者から馬鹿にされたり、非難されたりするかもしれないと思うと、誰しも委縮してしまいます。非難と批判は異なります。その違いは、相手の言動と人格を分離できているか否かです。もしも攻撃的なメンバーがいたら（リーダーがそうなっていることもあります）、相手の人格を認めた上で、言動における問題点だけを感情的にならずに指摘するように促しましょう。

また、チーム内の雰囲気が暗かったりつまらなかったりすると、モチベーションが下がってしまいます。同じことを言うにしても、少しテンションを高めに発言するだけで重苦しさは和らぎますし、他者の発言に「笑う」という反応を心がければ、チームの雰囲気は一気に軽くなります。自ら率先して明るく振る舞うとともに、チームメンバーにもこのような行動を勧めましょう。**ファシリテーターは受容的な雰囲気を作り、協同的に活動させなければなりません。**

第二の心構えは、「プロセスを重視する」ということです。パフォーマンスを求められるリーダーとは異なり、**ファシリテーターはチーム活動を意味あるものにすることが仕事です。**すなわち、チームが「何をしたか」ではなく、「どのようにしたか」が重要なのです。そのためには、チームやメンバーが「何をしているのか」、「何か問題は生じていないか」という視点が必要です。このような視点をもつと、チーム活動をより良くするために、自分は今、どのようなサポートをするべきかが明らかになります。

第三の心構えは、「公平な立場で裏方に徹する」ということです。例えば、ディスカッションでは考え方の違う人たちの間で、意見や案が割れることも少なくありません。そのような時、どちらか一方の勢力に肩入れしたり、一方の案に賛意を表したりしてはいけません。あくまでも**中立的なサポート役に徹して、決定は参加者に委ねる**ようにしましょう。

また、コーチング（☞第三章）でもそうでしたが、サポーターは出しゃばってはいけません。「サポート相手が主、自分は従」という意識をもたないと、自分の思うままに相手を動かそうとしてしまいます。

2　チームを受容的な雰囲気にする

ファシリテーターの最大にして最初の仕事は、第一の心構えに従って、チーム内の人間関係を作ることです。今この場に集まった人たちが「我々」という意識をもち、目的意識を共有するように促すのです。チーム活動の目的は、課題を解決するだけでなく、活動を通してメンバーが気づきを得て成長することです。否定されたり拒絶されたりする心配のない雰囲気の中で、本音を気兼ねなく言い合えるようになると、次第にチーム内に相互信頼感が醸成されます。この状態にまで成熟したチームでは、新しい考えや価値観が生まれていき、メンバーも自ら変化・成長していきます。

実際に、相互に相手を尊重し合えるチームで活動すると、メンバーやチームの性質、コミュニケーションのクオリティ、関係性などが向上します。そのため、ファシリテーターは、**チー**

ム内に遠慮せずに本音を言い合える受容的な関係とともに、建設的な話し合いができる前向きな雰囲気を作るように努めなければなりません。

受容的な雰囲気ができあがると、メンバーは徐々に本音を口にするようになります。ときにはお互いの考え方や発言の問題点を指摘し合うため、チーム内の緊張が高まります。そのまま放置すると、険悪な雰囲気がメンバーたちを精神的に追い込んでしまいます。また、受容的な雰囲気の中では、意見だけでなく感情や価値観、今抱えている不満や悩み、これまで気づかなかった深層心理までやりとりされ、ネガティブな感情を顕わにする人さえ出てきます。**ファシリテーターは、チームの雰囲気やメンバーの状態を常にモニターし、必要があればただちにその場の緊張を解かなければなりません**。

メンバーに聴き方を指導することも、ファシリテーターの重要な仕事です。傾聴とは、どのようなことでも相手を拒絶せず受容し、しっかりと耳を傾け、他者の発言から何かを学び取ることです。他者の発言を否定的に聞くのではなく、発言内容やその意図、そのような発言をするに至った理由にまで思いを巡らせながら、傾聴するように促しましょう。

どうしてもおかしな発言に対しては、嫌悪感などのネガティブな感情は出さず、受容的に「なぜそのように思うのですか」と、そのような発言をするに至った理由について質問するようにしましょう。不快感を込めてしまうと、コーチングにおけるＷＨＹ（☞六二頁）、すなわち「なんでそんな考え方をするのだ！」という詰問になってしまうので注意してください。相手が思い違いをしているかもしれませんし、彼なりの面白いアイデアがあるのかもしれません。

身勝手な意見や全体の状況にそぐわない見解に対しては、批判的なコメントをしなければならないこともあるでしょう。その際のコツは、「なるほど、そういう意見をもっているんですね」といったん認めてから、発言内容の矛盾や不備について客観的に指摘することです。

ファシリテーターは、コーチングで必要な「傾聴」、「質問」、「伝達」（☞08）を、うまく使いこなせなければなりません。また、ほかのメンバーも、これらのスキルをうまく用いることができるように指導しましょう。

3　円滑なディスカッションを心がける

チーム活動の中心は、ディスカッションです。企画会議もワークショップもチームの打ち合わせも、形式や進め方に多少の違いはありますが、やっていることは、決定や報告、アイデアの創出などを目的としたディスカッションです。第二の心構えの通り、**ファシリテーターは、**

ディスカッションが正しく進行されているかに気を配らなければなりません。

ディスカッションでは、メンバーはさまざまな行動を取ります。もしも**貢献していない人がいたら、ファシリテーターが個別に対処し、リーダーには全体の進行に専念してもらいましょう。**

ディスカッションにおいて、発言を躊躇したり、全く参加しなかったりする人がいてはいけません。不安や緊張を感じたり、防衛的になったりしているメンバーがいたら、心をほぐすことを試みましょう。また、無関心な人には、発言を促した上で、その発言に感心してみせ、そこから話を発展させましょう。そうすると、彼らの会話への関与度が高まり、我関せずの態度を取らないようになります。

中には、自分の意見を強弁して押し付けようとしたり、他人の意見を真っ向から否定してつぶしたりする人がいます。これではチームの雰囲気を悪化させ、他のメンバーが委縮してしまいます。攻撃的な言動を繰り返す人には、その都度たしなめたり、フォローをいれたりしなければなりません。このような人は、不満をもっている場合も多いので、個人的に話を聞いてあげると良いでしょう。

また、**この話し合いで良い案が決まるだろうとメンバーに期待させる**ようにしましょう。どのようなディスカッションも、現状をより良くするための案を出すことが目的です。そこで、建設的で前向きな雰囲気にするのです。特に、ネガティブな案件について話し合う場合は、ディスカッションの雰囲気が悪くなりがちです。そのため、【気分一致効果】がはたらきます。人はネガティブな気分の時には、ネガティブな思考になってしまうのです。そこで、ファシリテーターが率先して楽観的な見通しをもち、チームの雰囲気を明るくするように努めましょう。悲観的な人や批判的な人がディスカッションをリードしたりファシリテートしたりすると、どうしても否定的な意見が大勢を占めるようになります。そうなると、現状を改善するような結論にたどりつくことが難しくなります。

ディスカッションを活性化するのも、ファシリテーターの重要な仕事です。「メンバーは本音を言えているか」、「発言量はメンバー間でバランスがとれているか」、「受容的な話し方・聴き方ができているか」に目を配るようにしましょう。これらの点に問題がある場合は、「メンバーに発言を促す」、「メンバー全員が等しく発言できるように発言権をコントロールする」、「発言の途中で困っている人がいたら助け船を出す」ことによって、ディスカッションを盛り上げるように努めてください。また、脱線したりふざけたりし始めたら、話を元に戻すために迅速に介入しなければなりません。

ファシリテーターの目は、リーダーにも向けられていなければなりません。リーダーが民主的なリーダーシップを行い、みんなが納得できる公平な意思決定プロセスを取っているか、常に目を光らせましょう。専制的なリーダーは、協同的なディスカッションにとっては妨害者でしかありません。

第三の心構えの通り、ファシリテーターは自分の見解をベラベラしゃべったり、ディスカッションを自分の良いと思う方向に誘導したりしてはいけません。また、他者の発言の矛盾点などに、鋭く切り込んでもいけません。それらはリーダーや他のメンバーの仕事です。**ファシリテーターの仕事は、ディスカッションを円滑に行う場を作り上げることです。**ですから、話し合いから一歩距離を置いて、常に話の展開やメンバー一人ひとりの行動を、冷静にモニターするように心掛けましょう。

Chapter 6

チームを作る

こういう人に

◉ チームリーダーの心構えとは？
☞16 チームにするには

◉ チームにまとまりがない
☞17 チームを一丸にするために

◉ いまいちチームの効率が悪い
☞18 チームを組織化するために

16 チームにするには

1　集団はとても非効率的

「三人寄れば文殊の知恵」ということわざがあります。人が集まれば、知恵を司る菩薩に匹敵するほどの知的パフォーマンスを発揮するという意味です。たしかに一人よりも人数が多い方が知識のバリエーションは広がりますし、一人では思いつかないようなアイデアが出るかもしれません。また、誰かが身勝手な考え方をしても、他のメンバーがちゃんとたしなめてくれるでしょう。ところが実際に集団で課題を行うと、平均的な能力をもつメンバーのパフォーマンスよりは良いものの、全員のパフォーマンスの合計どころか、優秀なメンバー一人のパフォーマンスにさえ及びません。これでは、優秀なメンバー一人に仕事を任せてしまった方がよっぽど効率的です。

大学では演習などの授業で、よくグループワークを行います。先日もアンケート結果について、話し合いながら分類・整理するという作業を学生に行ってもらいました。二人グループはいずれも、四、五人のグループよりも素早く作業を終わらせていました。これらのグループをよく見ると、優秀で積極的な学生と、そのサポートに徹する学生の組み合わせでした。普通ならば人数が多い方が早く終わりそうなものです。ところが、実際はお互いが遠慮したり、なかなか意見がまとまらなかったりして、作業効率が悪化してしまうのです。

これまでグループワークをしているときに、「自分一人でやった方が早いのに」と、イライラした経験はないでしょうか？　そのような経験がある人は、なぜそのようにイライラしたのか思い出してみてください。集団のパフォーマンスが期待を裏切ってしまう原因は、**チーム活動のさまざまなプロセスにおいて、多くのロスが生じている**ことにあります。

メンバーが相乗効果を発揮し、チームが最大のパフォーマンスを発揮するためには、メンバーが一致団結して課題に取り組まなければなりません。しかしながら、人はみな独自の考え方や価値観をもっています。そのため、いざ一緒に課題を解決しようとすると、たびたび意見が対立してしまいます。そうなると、意見調整を行わなければなりません。その過程で、とても良い意見が、対立する意見と妥協を図るために質を落とすことになります。また、全員で作業をすると、実際に働いているメンバーと、他者に頼ってあまり働かないメンバーに分かれることがよくあります。手を動かしていないメンバーがいるので、当然作業効率は落ちてしまいます。

ですから、**リーダーはチーム活動のプロセスで生じるロスを最小限に抑えるように努めなければなりません**。そのために、メンバーが対等に意見し、お互いの意見に公平に耳を傾けるようにはたらきかけましょう。また、メンバー間に誤解が生じないようにし、メンバーが感情的にならないように気を配りましょう。こうしてみんなが意欲的に課題解決に取り組み、良い意見が採用されるように促すのです。

2　チームに最適な人数とは

人が二人以上集まると「集団」になります。二人集団の場合、メンバーの間に一本の線を引くことができます。線は「力関係」、「好悪感情」、「人物評価」、「コミュニケーション」など、二人の間の心理的な諸相を含んでいます。この線は、三人集団では三本、四人集団では六本、五人集団では一〇本、六人集団では一五本と、人数に伴って増えていきます（図６・１）。

一本でさえ複雑なのに、それが何本も交錯しているのです。多人数の集団における人間関係やそこで交わされるやりとりを、リーダーが全て掌握するのは至難の業です。

対人関係が複雑に絡み合っているので、集団では対人葛藤や課題葛藤が頻繁に生じます。リーダーは、これらの問題を速やかに解決しなければなりません。また、メンバーの要望や不満などを把握し、適切に対処する必要があります。これらのことから、**リーダーとして直接管理できる人数には限界がある**ことがわかると思います。

五、六人程度のチームであれば、リーダーとメンバーの単純な関係で済みます。ところが一〇人を超えると、サブリーダーを設けて補助や第二グループの管理を頼むべきです。さらに二〇人以上になってくると、全体の

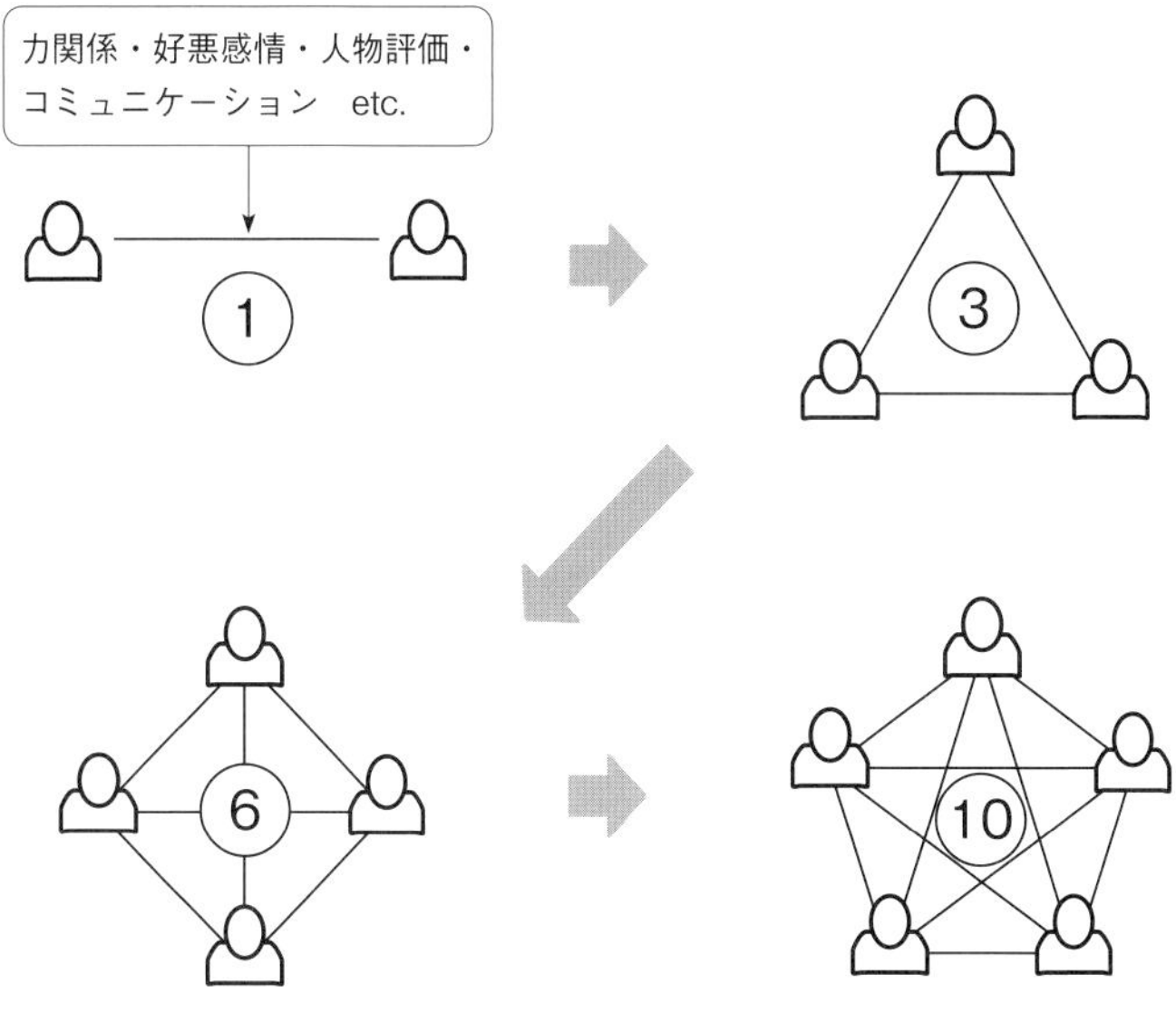

図6・1　多人数の人間関係

リーダーは組織の管理に、サブリーダーはその補助に徹し、部下を五～六人の班（チーム）に分けて、それぞれに班長を置く必要があります。それ以上になると、班、係、課、部というように、階層的な組織を作らなければなりません。**メンバーの人数に応じて、適切な集団の形というものがある**のです。

ただし、どれだけ組織が大きくなっても、プロジェクトに直接取り組む最小単位は「チーム」です。直接的なコミュニケーションを、全員と頻繁に行える人数には限界があります。また、人数が増えれば増えるほど責任が希薄化してしまうため、メンバーは真面目に課題に取り組まなくなります。「リーダーの目が直接行き届くこと」、「メンバー一人ひとりが、責任感をもって課題に取り組むこと」などを考えると、**チームが有機的に機能するのはせいぜい七人まで、できれば五人前後が理想です**。指示を与え報告を受ける直接の部下の人数が七人までに収まるように、階層的な編成を行うようにしましょう。

3 群れをチームにする要件

集団は、特有の行動法則をもっています。**集団の行動法則に精通し、それに適ったリーダー**

シップを行えば、チームをより良く導くことができます。

集団は、一つのプロジェクトを協同で遂行することを目的としたチーム（【課題集団】）と、みんなで楽しく親交を深めることを目的とした仲良しグループ（【関係集団】）に分かれます。ビジネスの世界では、組織の多くがプロジェクトに応じたチームを作って、課題の達成に取り組んでいます。みなさんがリーダーになった場合に直接率いるのも、このチームです。

チームは人の集まりですが、群れ（【群衆】）とは異なります。群れとの違いを考えることで、チームとは何かが明らかになります。単なる人の集まりをチームにするためには、次の五つの【チームの要件】を満たさなければなりません。**チームの要件を満たしていない人の集まりは、単なる群れに過ぎません。**

①メンバー間に直接的な関係がある（直接関係）
②メンバーがチームの一員であると自覚している（所属意識）
③チームに共通の目標がある（目標共有）
④メンバーの役割や地位が明確である（役割分担）
⑤チームの決まり事がある（集団規範）

チームの要件のうち、前三つの「直接関係」、「所属意識」、「目標共有」は、心理的な結束である**【集団凝集性】**を高めます。**凝集性が高いチームほどパフォーマンスが高い**ことが、多くの研究において実証されています。あなたがチームを率いることになったら、必ずチームを一致団結させなければなりません。そこで初めに、メンバー同士が打ち解けて、直接コミュニケーションできるように促します。次に、チームに対するメンバーの所属意識を高めます。最後に、共通の目標を定めてメンバーに周知します。

チームが一つにまとまったら後ろ二つ、すなわち、メンバーで「役割分担」し、みんなが守るべき「集団規範」を定めて、チームの組織化を図ります。チームの組織化は、チーム活動を効率的に行うために必要不可欠です。ただしチームで活動すると、客観的な判断ができなくなったり、全体のパフォーマンスが下がったりすることが多々みられます。これは集団の行動法則の負の側面です。リーダーになったら、**集団の行動法則を正しく理解して、負の側面が出ないように努めましょう。**

17 チームを一丸にするために

1　メンバーの関係を密にする

初めに、メンバー同士が直接コミュニケーションを行う間柄になるように促しましょう。直接コミュニケーションを行うことで、集団内にサポーティブな「受容的関係」が育っていきます。受容的な人間関係では、メンバーはお互いに存在を認めて尊重し合い、たとえ相手が今一つ納得いかない発言や自らの意見に対する批判的な発言をしたとしても、それらに否定や反発をせずに受け入れます。

⑮で述べたとおり、チームの活動はディスカッションが主体です。ディスカッションでは、意見を出し合い、議論を戦わせることでそれらの長所短所を吟味することを通して、お互いに妥協して歩み寄り、「折衷案」という合意を形成します。

たまに、ディスカッションを「いかに自分の意見を通すか」というディベートと勘違いしている人がいます。「意固地になって自らの主張を押し通し、他者の意見をやっきになって否定する」ような人は、自分の発言と自分の人格を分離して考えることができません。そのため自分の意見が否定されると、人格そのものを否定されたと思って感情的になってしまいます。自らの意見を通すことを目的にディスカッションを行っても、何の意味もありません。

ディスカッションの目的は、全員の意見を踏まえて、チームとして最善の結論を導くことです。そのためには、みんなが心と力を合わせて課題に当たる「協同的な姿勢」が求められます。その前提となるのが、メンバー同士が気兼ねなく意見交換できる、受容的な関係なのです。**派閥や感情的な対立があったり、メンバー同士が十分に打ち解け合っていなかったりするようなチーム状況では、良いディスカッションなど期待できません。**

2　自分のチームだと思ってもらう

誰もが、会社、学校、地元のコミュニティ、家族、友人グループなど、同時にいくつもの集団（【所属集団】）に属しています。その中でも、特に自分はこの集団の一員だと思い、それを誇りに思っている集団が【準拠集団】です。人は準拠集団に所属していることを、自分らしさの一つであるとみなします。これを【社会的アイデンティティ】といいます。

「自分はこの（準拠）集団の一員だ」という意識をもつと、次第に集団のメンバーと、集団に属していない人たちを区別し始めます。そして、「メンバーは一人ひとりが素晴らしい個性をもった素晴らしい存在である」と思い込む【内集団びいき】をするようになります。なぜ内集団びいきをするのかというと、自尊感情を高めるためです。つまり「素敵な人たちばかりの集団に属している私は、他のメンバーと同じように素晴らしい人間である」という論法です。少し浅ましい感じもしますが、これが人間の心性です。

あなたが率いるチームを準拠集団だと思ってもらうことができれば、そのメンバーはチームのために尽力し、チームの規範や価値観に沿った行動を取ってくれます。チームと自分が一体になっているわけですから、チームの目標は自分の目標ですし、チームの価値観は自分の価値観になるのです。

メンバーに準拠集団であると思ってもらうために、次のことを心がけましょう。

①個人が困ったときには、チームが全力でバックアップしてくれると期待させる。
②チーム内に受容的関係を作り、居心地が良いと思わせる。
③世間からのチームに対する評価を高める。
④加入条件を厳しく制限して特別感を出す。

要するに、チームへの【コミットメント】を高めればよいのです。コミットメントとは集団への関与の強さのことで、次の三種類があります。一つ目は、情緒的な「愛着心」です。チームを信頼し「自分はこのチームの一員だ」と思う気持ちです。二つ目は、打算的な「功利心」です。損得勘定で現在のチームに残るかどうかを判断します。三つ目は、理屈抜きの「忠誠心」です。律義で責任感の強い人は、チームに貢献することを当然だと考えます。この中で、最も重要なのが愛着心です。**自らが窮地になったときに、チームや他のメンバーが必ず守ってくれるという信頼感や、チームの雰囲気が受容的で居心地が良いという想いは、チームへの愛着心を高めます**。

また、このチームに属していることが自分にとって得であり、このチームを抜けるのは損だと思えば、功利心から人はそのチームに留まります。功利心がはたらけば、**自分とチームの利害関係が一致しているかぎり、チームのために働くでしょう**。個人の利益には、金銭、名誉、達成感などがありますが、もう一つ重要なのが「個人の成長」です。「このチームで頑張れば、経験を積んでスキルアップでき、人間的にも成長できる」と思うことができれば、人は自分のためにそのチームで頑張ろうとします。

忠誠心もチームへの貢献を高めます。ただし、これは「組織に属する以上、その組織を裏切らずその組織のために力を尽くすべきだ」という個人の信念に基づいています。これは、もって生まれた性格や人格形成期に受けた教育に依存しますので、すでに大人になったメンバーの忠誠心を育てるのはなかなか難しいことです。**チームへの忠誠心を重視するならば、誠実で正義感の強いメンバーを選抜する**べきでしょう。

3 チームの目標を共有する

チーム活動では、メンバーが一丸となって、共通の目標に向かって努力する必要があります。そのためには、チームの目標を適切に設定しなければなりません。目標設定において、第一に重視するべきは「実行可能性」です。たとえ目標を掲げたとしても、実行・継続が難しければ形骸的なスローガンになってしまいます。**目標は、必ず実行できるものを設定するようにしましょう**。

チームを育てるためには、「成功体験」を積ませ、意識改革を図る必要があります。心理学理論に基づく教育法に【プログラム学習】があります。プログラム学習を効果的に行うためには、いくつかの原則があります。その一つが、これまで何度も登場したスモールステップの原則（☞四七頁）です。「目標を高く設定しすぎず、実現可能な小さな目標に分割し、少しずつ達成難易度が高くなるように小目標を配置していく」のです。小目標を達成していくことで、学習者は成功体験を積み、それが意欲と能力を向上させます。全ての小目標を達成すると、最終的に大目標を達成することができます。

例えば、みんなで超高層ビルの屋上に行かなければならないときに、「外壁をよじ登れ」と指示するでしょうか？　メンバー全員が忍者やスパイダーマンでもないかぎり、目標を実現するのは不可能です。一方、中に入って階段を使うように指示すれば、誰だって屋上に到達することができます。このごく当たり前の発想が、目標設定では往々にして見過ごされます。**目標はスモールステップの原則で設定するようにしましょう。**

また、目標はその都度成果がわかるものにするべきです。現段階で目標をどれぐらい達成できているのかを明らかにするのです。これは、即時フィードバックの原則（☞四八頁）に従ったものです。現在の努力が目標に直結しているのか（正解か）、空回りしているのか（不正解か）がその都度わかれば、行動の修正も容易ですし、頑張れば頑張るほど目に見えて成果が上がるわけですから、やる気も高まります。ポイントは「即時性」です。**行動したらすぐに結果や評価を返すことで、フィードバックの効果を高めましょう。**

目標が決まったら、メンバー全員に周知徹底しましょう。その際、「いつまでに何をどのようにすればいいか」と、具体的に目標を示すようにしましょう。また、目標がメンバーの希望に叶ったものであれば、メンバーは納得して自ら進んで協力してくれます。こうして適切な目標を設定し、それをメンバーに理解させ、共有を図ります。**チームの目標と同時に、具体的な個人目標をメンバーごとに設定すると、より効果的です。**一人ひとりが個人目標を達成すべく作業に当たることで、チーム全体の目標が達成されるということです。

18 チームを組織化するために

1 一人ひとりの役割を明確にする

チームの要件（☞一三三頁）のうち、これまで説明した「直接経験」、「所属意識」、「目標共有」は、チームを一つにまとめるための要件でした。残る「役割分担」と「集団規範」は、チームを組織化するために必要です。

役割分担は、【集団手抜き】という現象を知ることで、その重要性を理解することができます。例えば、みんなで綱引きをするとき、全員で綱を引く力は、それぞれのメンバーが一人で綱を引く力の合計よりも小さくなることが知られています。二人の場合は九三％ですが、八人では四九％まで半減してしまいます。人数が多くなればなるほど一人あたりの引っ張る力が低下するのです。

では、なぜ集団で課題に当たるとみんな手を抜いてしまうのでしょうか？　それは「自分ががんばらなくても他の誰かがやってくれるだろう」という心理がはたらくからです。また、【フリーライド】（ただ乗り）という現象があります。これは、「みんなで課題に取り組む際に、一人ひとりの成績を集団の成果で一律に評価すると、何もしない人間が出てくる」という現象です。**集団手抜きやフリーライドを防ぐためには、それぞれのメンバーに役割を与えることが効果的です。**

役割は「課題」、「責任」、「権限」のセットです。すなわち、人に役割を与えるということは、各自が担当する仕事を明確にし（課題）、うまくできた場合はその人の功とし、失敗した場合は責任を問い（責任）、課題に関する決定権を与えて、必要なリソースを自由に使用することを認める（権限）ということです。

メンバーごとに担当する課題を与え、その課題に対して責任を負わせることで、フリーライドを回避することができます。加えて、一人ひとりの努力量を目に見えるようにして、正確に評価される状況を作り出すことで、集団手抜きを防ぐことができます。

ここで注意してほしいのが権限です。「課題と責任は与えるけれど、逐一口出しして自由裁量を認めない」というリーダーは少なくありません。これではメンバーのモチベーションは上がりませんし、いつまでたっても成長しません。**信頼して仕事を任せることも、リーダーの大事な務めです**。もちろん権限を与えるわけですから、メンバーの能力やパーソナリティに応じて適切な役割を与えなければなりません。

加えて、集団では命令系統の混乱を防ぐために、職務上の上下関係を明確にしなければなりません。人の上に立つ人間は、「課題の進行」、「部下の統制」、「外部との調整」、「上司への連絡」など、管理業務が主な仕事です。**具体的な課題はメンバーを信頼して任せ、あまり口出ししすぎないようにしましょう**。

2　暗黙のルールがもつ力

人間は一人ひとり個性をもっているように、集団もそれぞれ個性をもっています。「法人」という言葉があります。法律では集団を一人の人間として扱い、権利を認め、法の対象にします。実際に、人が集まって集団を作ると、まるで一人の人間のように、独自のパーソナリティをもつようになります。これは、メンバーそれぞれのパーソナリティを平均したものではありません。メンバーにはおとなしい人が多いにもかかわらず、とても過激な言動を繰り返してしまう集団もあります。

集団は、集団としての独自のパーソナリティをもっているのです。この「集団パーソナリティ」は、集団での活動を通して時間をかけて醸成されていきます。**自分が率いるチームの集団パーソナリティを、正しく把握しておきましょう。**

集団のパーソナリティを形作るのが【集団規範】です。集団には「われわれの中ではこうするのが当たり前だ」とか、「こんなことはしてはいけない」という、メンバーの判断や思考、行動の基準となる決まり事があります。暗黙のルールのようなものです。場合によっては、奨励される行動や禁止事項などを明文化することもあります。罰則もセットになっている場合は、規範というよりも「規則」といった方が良いかもしれませんが、これも広い意味では集団規範の一つです。

集団規範は、いったん形成されると、チーム活動や個々のメンバーの行動に影響を及ぼすようになります。集団規範が重要なのは、【同調圧力】という強制力をもっているからです。集団の和を乱す行動をしないように、メンバーは無言の圧力をかけ合い、同じ行動を取らせようとします。もしも誰かが規範から外れた行動をすると、集団はそのメンバーを浮いた存在と認識し、警告を与えたり、白い目で見たりします。万が一、集団から離脱しようとすれば、裏切り者として制裁を加えることもあります。一方、メンバーも制裁を受けないように、自ら進んで同調しようとします。これを【同調行動】といいます。**集団は無言の圧力をかけ、メンバーは自らそれに応じることにより、集団の凝集性が維持される**のです。

また、メンバーの中には、心の底では賛成していないのに同調しているふりをしている人がいます。このような行動を【追従】といいます。本心から集団規範に従っているわけではなく、表面的に合わせているだけなので、追従しているメンバーは全体の士気をそいだり、関係を不和にしたりと、チームの弊害になります。面従腹背のメンバーを見抜くこともリーダーの重要な仕事です。追従しているメンバーは、場合によってはパーソナリティの問題もあるため、リーダーのはたらきかけだけで態度を大きく改めることはなかなかありません。かといって、厳しく当たって反抗心を高めることは避けなければなりません。**追従していると思われるメンバーとはできるかぎり意思疎通を心がけ、良好な人間関係を形成し、協力者になってもらう**のが得策です。

追従者だけでなく、露骨に反発しているメンバーにも同じことがいえます。彼らは、今の方針や体制に不満をもっていることがほとんどです。その意見の中には、チームの抱える課題を解決する上で重要なヒントが含まれていることもあります。**不満分子の言葉に耳を傾けて、彼らの意見をチーム運営に取り入れるように努めれば、チーム内の問題の解消につながる**かもしれません。

同調圧力はチームを安定させるために役立ちますが、チームを取り巻く状況の変化に対応する力を低下させます。また、異論を唱えることを認めない雰囲気ができるので、チームの変革が必要なときや、多様なアイデアを出さないといけない場合に弊害となります。チームをまとめるためには、**暗黙の規範や明示的な規則を利用してチームを引き締めつつ、メンバーの自由な発想は妨げないようにしなければなりません。**敢えて、異論を唱えることを良しとする集団規範を作ってしまうという手もあります。

3　集団は極端な行動に走りやすい

集団特有の負の行動法則として、【集団極化】が知られています。これは、「**合議で何かを決めるとき、多数派の意見が極端な形で優勢になる**」という現象です。特に、政治や組織運営など、正解がなくどの意見が正しいのか判断するのが難しい場合に、この現象が生じやすくなります。極端な意見には二種類あります。一つはより危険性の高い蛮勇的な意見に決まる【リスキー・シフト】、もう一つはより安全性の高い慎重すぎる意見に決まる【コーシャス・シフト】です。

集団極化現象の原因はいくつかあります。その一つが【社会的比較】です。人は、自らの意見が正しいかどうかを他者と比較して判断しようとします。そのため、「**多くの人が正しいと思っている意見は少数者の意見よりも正しい**」**と思われがちです**。また、前項で述べた通り、集団には同調圧力がはたらきます。チームの凝集性を維持するために、少数者に無言の圧力をかけるのです。そうすると意志の弱い少数者から同調者が出て、多数派が次第に膨れ上がっていきます。対立意見は徐々に力を失っていき、多数派の意見がより強調されるようになるのです。

逆に、少数者が多数派に影響を与えることもできます。**少数者は自信をもって一貫して自説**

を主張しつつ、状況の変化に応じて主張を改善する姿勢を示せば良いのです。不安に揺れ動くメンバーには、その自信と一貫性が意見の正当性を感じさせ、また、状況に対する柔軟性が頑迷な意見ではないように映ります。そのため、少数派の意見が正しいような気になります。そうすると、徐々にその意見に賛同する人が現れ、ある時点で多数派を逆転して主流の意見になることもあります。

意思決定の場は、自説をもつわずかな人と、何が正解なのかの判断がつきかねている多くの人たちによって構成されています。チームの結論が極端な意見に傾くという集団極化は、他のメンバーに正当性の根拠を求めようとする浮動票が一方に流れることで生じるのです。集団極化現象は一丸となって突き進むことを助けますが、必ずしもその方向が正しいとは限りません。多様な意見をもつメンバーがいて、一方がもう一方の行き過ぎを押さえられるところに、チームの利点があります。

誤った方向にチームが転げ落ちていくことを防ぐためには、多少のまとまりのなさには目をつぶって、チーム内にブレーキ役となる慎重派や反対派を置いておくべきです。ただし、勢力が拮抗して対立してしまうと足の引っ張り合いが始まって、チームのパフォーマンスが著しく低下してしまうことがあります。そのため、**チームが一丸となって課題解決に当たる際に、常**

に冷静な態度で苦言を呈するメンバーを、少数加えておくのです。いわゆる「お目付け役」と呼ばれる存在です。そのような人はリーダーから信頼され、他のメンバーからも一目置かれた存在でなければなりません。

他にも、注意が必要な集団の負の行動法則が【集団思考】です。先述の集団極化は、「合議では個々人の意見よりも極端な結論を下しやすい」というものでした。一方、集団思考は、「合議では個々人の意見よりも誤った結論を下しやすい」というものです。チームには凝集性が必要ですが、凝集性が高すぎるチームは、全員が同じ価値観をもつようになります。そうなると、「自分たちの考えは正しい」とか、「自分たちは正義であり真理だ」とお互いで承認し合い、不都合な事実から目をそらすようになります。また、内集団びいき（☞一三七頁）もはたらいて、「自分の属する集団（内集団）は、自分の属していない集団（外集団）よりもすばらしく、みんな素敵な個性をもった人たちだ」と錯覚してしまいます。**自分たちの能力に対する過大な評価が楽観論を生み、十分な検討をすることもなく、安易な決定を下してしまうのです。**みんなで決めてみんなで行うのですから、決定に対する責任感も仕事に対する責任感も希薄になります。結果として、危ない賭けの多くが失敗に終わってしまいます。チームを率いる際は、これらのネガティブな集団の法則の存在を忘れてはいけません。

Chapter 7

チームで議論する

こういう人に

◉ メンバーの長所を活かしたい

☞19 長所を活かして役立てる

◉ 誰もが会議で活躍するには？

☞20 話し合えるチームを編成する

◉ 有意義な話し合いをしたい

☞21 ディスカッションを構築する

19 長所を活かして役立てる

1 チームにおけるメンバーのはたらき

チームのメンバーはそれぞれ個性をもっており、独自の動きをします。ですから、メンバーの個性を把握して、彼らの長所を活かすように努めましょう。そうすることで、チームのパフォーマンスを向上させることができます。

チームで協同的に活動するためには、メンバー同士が自らの長所を活かし、他のメンバーの短所を補い合うような「相補的関係」が必要です。相補的関係はチーム活動の中で自主的に形成されます。そのため、「お互いに助け合いなさい」などと命じてもうまくいきません。相補的な関係は受容的な関係をベースに形成されます。チームの要件（☞一三三頁）の前三つを満たしてチームを一丸にすることができれば、チームの目標を達成するために、メンバーは自然と助け合うようになるでしょう。

チーム活動におけるメンバーのはたらきを**【機能的役割】**といいます。18で紹介した役割は

「するべきこと」という意味合いが強く、役職と同じように上司や組織から指定される場合がほとんどです。一方、**機能的役割は「どのように役立つか」という意味をもち、メンバー間の調整の上で分担されます。**

あなたが所属しているチームにおいて、メンバーはそれぞれどのような立ち位置で、どのようにチームに貢献しているでしょうか？　全員が対等で、同じように行動していることはあり得ません。もしそう思うならば、「誰がどのような個性をもち何ができるのか」を把握せずに、漫然とチームを率いていることになります。メンバーはみな、自分の持ち味を活かしてチームの課題に取り組んでいるはずです。そうでないメンバーがいるならば、チームが十分に構築されていないということです。

先述の相補的関係においても、機能的役割は重要な意味をもちます。チーム活動では、メンバーがお互いに自らの長所を活かして助け合うことが求められます。そのためには、「役割が固定されて担当する職務外のことは一切してはならない」という完全分業体制を避けなければなりません。完全分業体制にしてしまうと、チームは状況の変化にうまく対応できなくなってしまいます。また、メンバーの誰かに問題が発生しても、うまくフォローすることができず、結果として全員に影響が出てしまいます。

お役所仕事や縦割り行政の弊害を思い浮かべていただければわかりやすいと思います。大きな組織では責任を明確にするために、明確に役割分担する利点もありますが、協同で課題解決に取り組むチームにおいては弊害しかもたらしません。

リーダーとしてチームを率いる際は、**メンバーに相補性を意識させて、他のメンバーが果たしきれていない機能をフォローし合うように促しましょう。**「自他の得意なことと苦手なことは何か」、「お互いの役割がどのように関連し合っているか」、「自分なら担当外の役割をどのように遂行するか」などについて、日頃から意識してもらいましょう。要は、「自分の役割についてだけ考える」ことから抜け出してもらうのです。また、課題の進展や状況に応じて柔軟に機能的役割を変えてもらうように、メンバーにはたらきかけましょう。

2 キャラクターに応じた役割が求められる

メンバーは暗黙の了解のうちに、「この人はこの集団ではこういう位置づけでこんな役割を果たすものだ」と、お互いに期待し合っています。これを【潜在的役割】といいます。例えば、頼りがいのある人ならばリーダーとして目されますし、いじられキャラならば場を盛り上げるためによくからかわれているはずです。みなさんは空気を読んで、**自らの潜在的役割に応じた行動を知らず知らずのうちに取っているの**です。たまに、キャラクターに合わない言動で周囲を困惑させてしまう人がいますが（カッコ悪いのに二枚目気取りや軽視されているのに尊大に振る舞う人など）、それは本人が潜在的役割を意識していないからです。

この潜在的役割に関する体系化された理論が【ディープロール・モデル】です。家族は、我々が最初に属する根源的な集団です。そのため、**家族における役割は、我々の役割取得行動に影響を及ぼします**。成人の男性と女性が結婚して一家を立て、男児や女児を産み育てていきます。これら家族のメンバーがみな善良ならば、その家庭は幸せでしょう。しかしながら、世の中はそううまくいきません。どうしようもない親や心配ばかりかけて手に負えない子どもの話は、いくらでも耳にすることができます。

すなわち、父親、母親、息子、息女という核家族を構成するメンバーは、「男性か女性か」、「上位か下位か」、「善か悪か」の三つの選択肢を組み合わせることで表現することができます。例えば、家族のために毎日懸命に働く母親は「女性 - 上位 - 善」、夜遊びを繰り返して親に心配をかける息子は「男性 - 下位 - 悪」になります。この分類は、神話やおとぎ話に出てくるキャラクターにも当てはめることができます。例えば、女神は「女性 - 上位 - 善」、魔王は

「男性－上位－悪」、王女は「女性－下位－善」といった表現になります。

ちなみに、この男女は象徴的なもので、生物学的な性と必ずしも対応しているわけでありません。ですから、家庭によっては女神的なポジションにいるお父さんもいることでしょう。心理学に【男性性】と【女性性】という概念があります。これは「男っぽい性格」か「女っぽい性格」かを意味します。「家庭で女扱いされていない！」と悩むお母さんは、母親としてではなく父親としての役割を、潜在的に求められているのかもしれません。

生まれて初めて所属する家族の中で期待されてきた役割が、学校生活などの環境において強化・修正された結果、今のあなたがあるのです。学校に通っていたとき、クラスでどのような扱いだったか、また仲良しグループの中でどのような存在だったかを思い出してみてください。そこに、チームの中でうまく個性を発揮するヒントが隠されています。

3　ディスカッションにおける振る舞い方

一日の仕事時間における会議の割合は大きいと思います。これは出世するほど増えていきます。そのため、ディスカッションでうまく立ち回るスキルは、ビジネスマンにとって必要不可欠です。
ディスカッションにおいても、みなさんは性格や能力、これまでの経験に応じて機能的役割を取得します。このディスカッションにおける機能的役割のことを、特に【討議者役割】といいます。会話を仕切る者がいれば、それをサポートする人もいます。積極的に発言する人がいる一方で、聞き手に回る人もいます。このような、**相補的な機能的役割の分化がうまく進んだチームは、活発で円滑なディスカッションを行うことができるので、より良い結論に至ることができます。**

次のページのDRES（Discussant-roles Repertoire Estimation Scale）に答えて、あなたは普段ディスカッションにおいてどのような役割を果たしているのかを認識しましょう。

①・⑪が「リーダー」、②・⑫が「要約者」、③・⑬が「調整役」、④・⑭が「均衡者」、⑤・⑮が「話し手」、⑥・⑯が「批評家」、⑦・⑰が「傾聴者」、⑧・⑱が「妨害者」、⑨・⑲が「傍聴者」、⑩・⑳が「抑制者」です。それぞれ、○が一つならば「ある程度」、二つならば「頻繁に」、その役割を果たしていることになります。あなたはいくつの役割をもっていましたか？

あなたやチームのメンバーがどのような役割を果たしているかを認識していれば、今よりも効率的にディスカッションを行うことができます。ちなみに、討議者役割は潜在的役割と同様

ディスカッションにおいて、あなたはどのように行動していますか？
20項目のうち、当てはまるものに○印を付けてください。
次に、所定の項目の○の数を、下線部に記入してください。

① 司会をする	
② 適切な話題を提供する	
③ みんなが話しやすい雰囲気を作る	
④ みんなの意見を平等に聞く	
⑤ 思ったことや気づいたことを積極的に発言する	
⑥ 反論したり反対意見を出す	
⑦ 人の話にうなずくなど聞き手としての態度に気を遣う	
⑧ 話をさえぎったり、話題を逸らす	
⑨ 自分の意見を言わない	
⑩ どのタイミングで発言したらいいかわからない	
⑪ リーダーシップを発揮する	
⑫ メンバーの意見をまとめる	
⑬ 議論が活発かつスムーズに行われるように、盛り上がりをうまく調節する	
⑭ みんなに対して平等に接する	
⑮ 自分の意見はしっかりと述べる	
⑯ 相手の意見について理由や根拠を質問する	
⑰ 発言者の意見に対し相づちをうつ	
⑱ 感情的に相手の発言に突っかかる	
⑲ 人の話を聞いているが自分は発言しない	
⑳ 間違いや批判を恐れなかなか発言できない	

①・⑪：＿＿　②・⑫：＿＿　③・⑬：＿＿　④・⑭：＿＿　⑤・⑮：＿＿

⑥・⑯：＿＿　⑦・⑰：＿＿　⑧・⑱：＿＿　⑨・⑲：＿＿　⑩・⑳：＿＿

このテストは、以下の研究の尺度から項目を選択し、自答選択式に変更したものである。

Fujimoto, M. (2016). Team Roles and Hierarchic System in Group Discussion. *Group Decision and Negotiation, 25*, 585-608.

に、三つの対の組み合わせで分類することができます（表7・1）。すなわち、課題か社会情緒か（機能性）、上位か下位か（影響性）、良いか悪いか（貢献性）です。ちなみに、これらを組み合わせると八つのカテゴリーになります。しかしながら、課題解決が目的のチームにおいて、敢えて話を妨害したり関係を不和にしたりするような上位者は、概念的に存在しえません。もしもそのようなリーダーがいたら、それは人の上に立つべき人間ではありません（不幸にしてそのような組織もあるかもしれませんが）。単なる妨害者です。そのため、「悪‐上位」に該当する二カテゴリーはありません。

表7・1　3つの対で分類される討議者役割

影響性	貢献性	機能性	
		課題	社会情緒
上位	良	リーダー	調整役
		要約者	均衡者
下位	良	話し手	傾聴者
		批評家	
	悪	妨害者	傍聴者
			抑制者

20 話し合えるチームを編成する

1 討議者のレパートリーを踏まえる

どのような討議者役割（☞一五七頁）を取得しやすいかは、人によって異なります。例えば、何かと仕切りたがり口出ししたがる人は、リーダーや要約者、批評家、妨害者をよく取得しますが、調整役や傍聴者や傍聴者などはほとんど取得しません。逆に、引っ込み思案で物静かな人は、傾聴者や傍聴者や抑制者を頻繁に取得しますが、リーダーや批評家、妨害者などは取得しません。これは、一人ひとりが討議者役割の取得傾向である【役割レパートリー】をもっているからです。メンバーは、自らの役割レパートリーの中から、トピックに関する知識や関心度、話の進展具合、他の参加者の取得役割などを勘案して、討議者としての機能的役割を取得するのです。

ディスカッションの効率を上げたいのであれば、チーム編成時に誰がどのような討議者役割を取得しやすいかを考慮してメンバーを選ぶと良いでしょう。理想的には、主張的な役割（話し手、批評家）の取得が見込める人と、その受け手となる受容的な役割（傾聴者）を取得してくれる人を中心に編成します。これを軸に、主導的な役割（リーダー、要約者）を取得して司会を務めてくれる人や、調整的な役割（調整役、均衡者）を取得して関係を円満にしてくれる人を、数人加えましょう。

ただし、急遽チームを組まなければならないときもあります。じっくり人選することができないときは、**ディスカッションを通して、メンバーの討議者としてのスキルを育てていかざるをえません**。その際、優先的に介入しなければならないのが、妨害者、傍聴者、抑制者を取得しがちなメンバーです。

妨害者は自分勝手な性格が問題です。このような人は自分がみんなの迷惑になっている自覚がありません。また、全体のバランスを考えて自分の発言回数を調整したり、他のメンバーの意見を尊重したりするという発想がありません。そこで、全体に目を向け、他者に配慮する心配りを身につけてもらわなければなりません。**妨害者は話し手や批評家になる可能性をもっています**。自らの非貢献的な行動を自覚させて、他のメンバーと協調するように促しましょう。ただし、ＡＤＨＤ（☞八九頁）である可能性もあります。彼らは落ち着きがなく、多弁で自分が今やりたいことを我慢できません。その可能性があるならば、無理に行動を抑えつけたりせず、十分に配慮してあげるようにしましょう。わざとそのような行動をしているのではなく、そのような行動を抑えることが困難な場合もあるのです。

妨害者とは反対に、傍聴者や抑制者はほとんど発言しません。そのうち、傍聴者はコミットメント（☞一三八頁）の低さがネックになっています。そこで、集団の目標を共有してもらい、問題意識をもって、この集団のために力を発揮するようにはたらきかけましょう。チームへの愛着心を高めたり、活動に参加することが自分にとって得だと思わせたりすることで、チームとチーム活動に対するコミットメントを高めてもらうのです。

一方、抑制者は内気で人の目を気にしすぎる性格が問題です。他者の発言を批判するようなメンバーがいたらそれをたしなめ、自分の意見を言い出せないメンバーに発言するように促しましょう。そして発言したら、その意見を支持して自信をもってもらいましょう。**傍聴者や抑制者がいるということは、チームが十分に受容的な雰囲気になっていないということです。**チームの要件（☞一三三頁）の前三つ（直接関係、所属意識、目標共有）を満たして、チームの基盤を作るように心がけてください。

また、**貢献的な討議者役割でも、状況によっては問題になります。**例えば、「船頭多くして船山に上る」ということわざがあるように、討議者役割のリーダーになろうとするメンバーが何人もいると、主導権を奪い合ってぎくしゃくしてしまいます。また、チームを率いるあなたがリーダーとしてディスカッションに参加する場合も、他のメンバーが司会進行をしようとすると不都合が生じます。あなたが調整役や均衡者といった調整的な役割に徹するならば問題ありませんが、もしも「こういう方向や結論にディスカッションをもっていきたい」という意図があるならば、ディスカッションにおけるリーダーがバッティングしてしまいます。そうなると、話が円滑に進まなかったり、思わぬ方向に話が展開したりするかもしれません。そのため、自分が司会進行を行う旨を事前に宣言しておかなければなりません。

また、要約者や批評家も、すぐに意見を収束させたり意見の問題点を指摘したりするので、なるべく多くの意見を出して話を広げたい場合に弊害になります。彼らに「今は拡散的なディスカッションをする段階である」と伝え、自重してもらいましょう。

2 話し合いへの関わり方を踏まえる

さて、討議者レパートリーを理解することを通して、人にはディスカッションへの関わり方に向き不向きがあることがわかったと思います。役割レパートリーと関連する個人特性に【会話参与スタイル】があります。これは、「会話にどのように関わりたいか」という志向性です。「好きこそものの上手なれ」ということわざになぞらえれば、会話参与スタイルが「好き」、役割レパートリーが「上手」に当たります。**会話参与スタイル（したい）を受けて、特有の役割レパートリー（できる）をもつようになります。**

会話参与スタイルには「会話マネージメント」、「能動的参与」、「受動的参与」、「消極的参与」があります。会話マネージメントが高い人は、全体を仕切りたいという志向をもっています。そのため、状況によらずリーダーや要約者、均衡者を取得する傾向があります。また、能動的参与の高い人はどんどん発言して盛り上げようとして、話し手や批評家、妨害者になろうとします。

会話参与スタイルが重要な意味をもつのは、次の受容的参与と消費的参与においてです。例えば「あなたは会話中にどのような行動を行っていますか？」と聞くと、ほぼ全員が傾聴していると答えます。**多くの場合、傾聴と傍聴を区別できていないのです。**

傾聴スキル（☞五九頁）を思い出してください。傾聴するときは相手の方を見て、まるで拍子を打つようにテンポよくうなずき、微笑したり目を見張ったりして、興味深そうな表情を作らなければなりません。また、「うん」、「ああ」、「なるほど」、「ほー」といった相づちを打ち、オウム返しや言い換えを行い、確認のために質問をしなければなりません。「聴き手は受動的な役割だ」と思っている人も多いですが、これらの行動を意識的に行うことで、自在に話し手を操ることができるのです！

例えば、「なるほど！」、「とても面白い！」と言って興味深く話を聞いていると、相手は徐々にノってきて当初は言うつもりもなかったことまで機嫌良く話してくれます。逆に、「どういうことだろう？」、「ちょっとわからないな？」と困惑したような顔をしながら聴くと、相手はどんどん補足情報を追加したり噛み砕いて説明したりしてくれます。また、それまで同意的に聴いてくれた人が、急に「それは違うな」とか「納得できない」というような態度を示すと、相手は妥協的なことを口にするようになります。このように、**聴くという行為は非常にアクティブなもの**なのです。

本来、受容的参与は、積極的な聴き方を志向しているかどうかを問うものです。ところが、多くの人ができていないにもかかわらず、普段から傾聴していると勘違いしているのです。積極的な傾聴行動を行わず、ただ静かに聴いているのは、受動的参与ではなく消極的参与です。**「黙って話を聞く」のは「ただいるだけ」で、話し合いには何の貢献もしていません**。傾聴者は、話し合いを盛り上げるために必要不可欠な存在なのです。傾聴者のプロフェッショナルになるために、意図的に（大げさに）傾聴行動を取るように心がけましょう。とはいうものの、あまりわざとらしいと逆効果になる場合もあるので注意が必要です。

3　討議者の行動に影響を与えるもの

人は、自らの性格や能力ややる気、周囲の期待や力関係などの影響を受けて、討議者役割を取得します。他にも、ディスカッションの参加人数の影響を受けます。会話参加者が二人ならば、どちらかが会話に参加しなければ会話は成立しません。三人でも、一人の話し手と二人の聞き手が、随時役割を交代して話を進めていかなければなりません。このように、参加者を強制的に会話に参加させる力を【会話拘束力】といいます。

会話拘束力は人数が多くなるほど弱くなっていきます。会話参加者の人数が増えて会話拘束力が緩くなると、参加者は自由な行動を取るようになります。積極的に話し手になる者もいれば、受け手に徹する者も現れます。**人数が増えるに従い、メンバーは自分のスタンスで会話に参加することができるのです。**

ただし、人数はコミットメントややる気にも影響しますので、人数が多すぎるのも問題です。

大人数のミーティングでは、「自分は参加しなくても議事は進んでいくだろう」というわの空で他のことを考えている人もいれば、スマホ操作など関係のないことをしている人も出てきます。

さらに、人数が増えると、話し合いの「場」も分かれてしまいます。チームの最適な人数である五人前後であれば、みんなで一つのテーマについて話し合うことができます。ところが七人を超えだすと、本筋の話し合いとは別に、いつのまにか隣り合った二、三人で違うことを話しているという状況が生じてしまいます。これは会話拘束力が弱まった結果、「場」が二つに割れてしまったからです。ディスカッションでは、**「全員で一つのことを話し合う」状況を維持しなければなりません**。

また、他者からの期待も、役割取得を左右します。討議者役割の基礎理論の一つに【役割理論】があります。この理論によると、**人は自分の行動を他者の期待に沿って調整することで、他者と円滑な相互作用を取ろうとします**。ディスカッションでは、「他のメンバーからどのような役割を果たし、どのように行動することを期待されているのか」を敏感に察知して、自らの役割レパートリーの中から最も適したものを選ぶ必要があります。そのためには、ディスカッションの経験を積んで役割レパートリーを広げ、適切な役割を選択するスキルを磨いていかねばなりません。

会話には複数の人間が参与するので、必然的に参加者の間に力関係が生じます。力関係は地位や年齢といった社会的要因によって生じますが、チーム内での人気の高さを示す【ソシオメトリック地位】も大きな影響力をもっています。他のメンバーからの**人気の高いメンバーはチーム内で勢力をもち、自由に振舞うことを周りから許されます**。ディスカッションでも、人気者は好きな討議者役割を優先的に取得することができます。一方、人気のないメンバーは、リーダーや調整役といった上位役割をなかなか取得させてもらえません。また、下位役割であっても、あまり発言させてもらえないため、話し手や批評家にもなかなかなれません。

21 ディスカッションを構築する

1 ディスカッションの基本形は拡散と収束

ディスカッションではなるべく多くのアイデアを出し、実現可能性を踏まえつつ、それらを吟味することで合意形成を図ります。その際に有効なのが、ディスカッションの前半で【拡散的議論】を行い、後半で【収束的議論】を行うというように、意図的にフェイズを分けることです。

拡散的議論では思いつきでも良いので、なるべく多くのアイデアを出すように促しましょう。その際、ダメ出しは厳禁です。盛り上がらない話し合いの典型的なパターンが、「アイデアが出されたら、すぐにその問題点をみんなで指摘してつぶしていく」というものです。

実現が難しいアイデアや突拍子のないアイデアと思っても、ホワイトボードなど全員の目につくところに書き記していきましょう。それらを見ながら話し合っているうちに、既出のアイデアを発展させたアイデアが沸いたり、連想して全く別のアイデアが思い浮かんだりします。いくつかのアイデアを組み合わせる案も出てくるでしょう。一見おかしなアイデアも、他のアイデアのヒントになるのです。

話し合いの後半では、収束的議論を行います。ただし、「アイデアにたった一つでも問題点があれば除外する」という厳選を行った結果、最終的に全ての案が否定された」という経験をした人もいるかと思います。**収束的議論のフェイズでは、出されたアイデアを批評的に吟味していきます。**その際、求めているアイデアの条件を予めリストアップしておき、「提示されたアイデアが各条件にどれだけ適っているのか」という視点で判定していけば、アイデア間の比較が容易になります。アイデアの長所と短所を明確にし、その中から長所が多く短所が少ないものを選んだ上で、そのアイデアの短所をどのように補うのかについて話し合えば、とても生産的なディスカッションになります。

この時点で、いくつかのアイデアを組み合わせたものや、全く新しいアイデアが出てくるかもしれません。多くのアイデアを吟味する中で出てきたアイデアですから、多くの場合、新しいアイデアは総括的なものになっているはずです。

あなたがリーダーとして司会進行を行う際は、「さてみなさん、何か意見はありますか」などと漫然と話を進めるのではなく、**メンバーに今どのような発言が望まれているのかを、具体的に示す**ようにしましょう。その一つの方法が、冒頭で述べた話し合いをいくつかのフェイズに分けるというものです。

具体的には、導入フェイズで「今回の話し合いのテーマや目標の確認」と「関連する情報の共有」を、拡散フェイズで「アイデア出し」を、収束フェイズで「アイデアの吟味」を、計画フェイズで「選択されたアイデアの現実化」と「選択したアイデアのパフォーマンスの予測」を行います。また、各フェイズでは、話し合いのルールを事前に決めておきます。アイデア出しを行う拡散フェイズでは少々悪乗りしても良いですが、ダメ出しをしてはいけません。一方、アイデアを吟味する収束フェイズでは問題点をどんどん指摘して、欠点の多いアイデアを除外していきます。このフェイズでは実現可能性や効果を吟味しなければなりませんので、悪乗りは厳禁です。**今はどのような行動が推奨され、どのような行動が禁止されるかを明示するようにしましょう。**

2　アイデアマンとまとめ役

みなさんの中には、拡散的思考が得意な人と収束的思考が得意な人がいます。【拡散的思考】が得意な人は発想力の優れた人です。このような人は好奇心が旺盛で主観的な思考をします。一方、【収束的思考】が得意な人は批評力に優れています。このような人は現実的で客観的な思考ができます。

みんなで集まって何か計画を練るとき、「いろいろアイデアが出て収拾がつかず、何も決まらずに終わった」という経験はないでしょうか？　なぜ、そのようなことになったのかというと、拡散的思考の人ばかりで話していたからです。一方、「話し合いを始めても何も意見が出ず、たまにポツっと案が出ても、たちどころに問題点を指摘して潰してしまい、また沈黙が続いた」という経験をした人もいるでしょう。これは、収束的思考の持ち主が多く集まったせいです。友だち同士で話し合うと、得てしてこのような結果になってしまうのは、自分と似たパーソナリティや態度をもっている人と友だちになるからです。

拡散的思考の人が多いと話は盛り上がりますが、暴走して収拾がつきません。逆に、収束的思考の人が多いと話し合いは停滞してしまいます。**チームには、拡散的思考ができる人と収束的思考ができる人が、バランス良く含まれているのが理想です。**拡散的思考の人は、討議者役割（☞一五七頁）として話し手を取得しやすく、人の話も面白がって聴きます。一方、収束的思考の人は、批評家として人の話を分析的に聴き、要約者として話を集約しようとします。チームを編成する際は、拡散的思考と収束的思考をもつメンバーのバランスを意識しましょう。なるべく多くのアイデアが欲しいときや、新奇な案を出したいときは、拡散的思考の人を多めにし、短い時間で現実可能性の高い案をまとめたいときは、収束的思考の人を多めに配すると良いでしょう。普段の言動を見ていれば、どちらの思考の持ち主かは簡単にわかると思います。

また、リーダー自身が話し合いに参加するときは、自分がどちらのタイプかを自覚した上で、現在のディスカッションではどちらの思考が必要かを意識して発言するようにしましょう。自分の苦手な思考が求められるシーンでは、意識して苦手な思考を行うことで、オールラウンドに活躍することができます。

3　ディスカッションの育て方

初対面の人がいたり人間関係が十分に構築されていないチームだったりすると、うかつなことを言って馬鹿にされるのを恐れ、またお互いの性質や出方を探ろうとして守りの姿勢になってしまいます。しかしながら、うわべだけの発言や無難な意見をいくら交わしても、議論は少しも深まりません。**ディスカッションでは、本音で話し合わなければ意味がありません。**

そのために必要なのが「受容的な人間関係」です。これは、「お互い配慮して耳触りの良いことだけを言っていればいい」という意味ではありません。そのようなうわべだけ受容的な人間関係では意味がありません。必要なのは本音をぶつけ合うことができ、言い争いになってもこの人は自分を見捨てないと思える関係です。**チーム内に受容的な人間関係を作るために、関係を維持するM型のリーダーシップ**（☞一一三〜一一七頁）**を発揮しましょう。**

課題の解決に向けて、協力して取り組む姿勢が見えてきたら、チームは一段階発達したことになります。**メンバーが笑顔で話すようになり、話し合いの中に笑い声が混じるようになると、**

それは緊張状態を解いて打ち解けて話し合っている証拠です。実際は、大して面白くないシーンや発言でも、みんなで笑い合うようになります。このような社会的な笑いは、メンバーがこの集団内の雰囲気を円満にしたいと思っていることの現れです。たとえ真面目な議論でも、笑いは潤滑剤として必要です。この段階では、誰かの意見に対して批判的なコメントが出ることは稀です。みんなが和やかに意見を述べ合います。しかしながら、表面的な話し合いなので、批判的なコメントは少なく議論もあまり深まりません。

ディスカッションを続けていくと、批判的なコメントや反対意見がみられるようになります。こうなると、ディスカッションは、さらに次の段階に進んだことになります。チームの人間関係が十分に受容的ならば、お互いに相手の人格を尊重した上で、意見に対する反論とそれに対する再反論をやり合えるようになります。このとき、**批判や反対意見が発言者の人格に向けられていないことを確認しなければなりません**。

たまに、発言と人格を切り離せない人がいます。相手の発言と人格を切り離して考えられない人は、自分の考えと異なる発言をした相手に対して、「君は何をいっているんだ!」とか、「なぜそんな馬鹿げたことを言うんだ!」といったコメントをしてしまいます。このような人には、言い過ぎについて適宜注意するようにしましょう。

もちろん、ディスカッションをしているとエキサイトすることもあります。ただし、それは感情的な怒りではなく、自分の意見が理解されないことへのいらだちや闘志です。相手に反論されたり相手が納得してくれなかったりすると、何とか理解してもらおうとして必死になるのも当然です。その中で、自分の考えの至らないところに気づくこともあるので、決して悪いことではありません。この段階までチームが発達できれば、より深く活発なディスカッションを行うことができます。

議論は、①意見（テーゼ）が提出され、②それに対する反対意見（アンチテーゼ）が提出され、③話し合いを重ねて全員が納得のいく折衷案（ジンテーゼ）を導く、という形で進んでいきます。

②や③を行うためには、本音でやり合い反論し合う関係が必要です。ただし、ディベートではありませんので持論に固執してはいけません。逆に、肯定し合うだけの馴れ合いもいけません。対立を避けようとすると、集団の負の行動法則、すなわち初期の多数意見で決まったり、一人では到底選ばないようなとてもリスキーな結論を選んだりしてしまいます（☞一四七〜一四九頁）。**意見を闘わせることを通して、それぞれの意見の良いところを認めて妥協していくことで、みんなの納得する折衷案を導くようにしましょう。**そうすれば非効率なはずのチームでも、一人で考えるより優れた結論に至ることができるはずです。

Chapter 8

部下が動く

こういう人に

- 組織のために働いてもらいたい
  ☞22 組織との一体感
- 部下を立派な組織人にしたい
  ☞23 組織人を育てる
- 部下のメンタルが気がかりだ
  ☞24 メンタルを気遣う

22 組織との一体感

1 組織へのコミットメントを高める

第五章~第七章では、少人数の実働部隊であるチームのリーダーに必要なテクニックを紹介しました。続いて第八章と第九章では、組織の管理者に必要なテクニック、すなわち組織管理法について紹介します。

メンバーに組織のために働いてもらうには、彼らの【組織コミットメント】を高めてもらうことが先決です。組織コミットメントとは、「組織を信頼し、組織の目標を自らの目標として受け入れている」、「組織の代表として進んで努力しようとしている」、「組織の一員であり続けたいと思っている」など、組織に深く関わっていきたいという思いです。

組織コミットメントが高まると、組織と自分を一体であると感じるようになります。そうすると、メンバーは組織の目標を自分の目標、組織の問題を自分の問題として考えてくれます。ですから、自主的に組織に貢献してもらうには、メンバーの組織コミットメントを高めることで、自ら進んで組織に貢献したいと思ってもらえれば良いのです。決して「メンバーは組織のために働くのが当たり前だ」などと考えてはいけません。**メンバーが組織のために働くかどうかは、彼ら自身が決めることなのです。**

一三八頁で紹介したコミットメントと同じく、**組織コミットメントにも「愛着心」、「功利心」、「忠誠心」の三種類があります。**メンバーの組織コミットメントに対する考え方は、情緒的な人（愛着心優勢タイプ）か、打算的な人（功利心優勢タイプ）か、生真面目な人（忠誠心優勢タイプ）かによって異なります。例えば、アットホームな雰囲気をもつ組織では、情緒的なメンバーは愛着心を感じて組織へのコミットメントを高めますが、打算的な人にとっては無意味な馴れ合いにしか映らないでしょう。逆に、利によって人を動かす組織では、打算的な人はやりがいを感じて仕事に打ち込むでしょうが、情緒的な人はむなしさを覚えるでしょう。

組織にはさまざまなメンバーがいます。そのため、**メンバーが組織に何を求めているのかを理解して、その人に応じたコミットメントの高め方を選ばなければなりません。**情緒的要素を高めるには組織や上司・同僚からの情緒的サポートが、一方、打算的要素を高めるには業務評価が、それぞれ重要な役割を果たします。情緒的サポートによって愛着心を、正当な業務評価に基づく賞罰によって功利心を高めるのです。

職場の人間関係が良好で、「困ったときはみんながサポートしてくれる」という信頼感は、愛着心を高めます。ですから、組織の中に受容的な人間関係を構築することは、管理者にとって重要な仕事の一つです。また、給与や待遇だけでなく、加入するのが難しく世間的に高い評価を受けている組織ほど、優越感や名誉心などが得られるので、メンバーの功利心を刺激します。一方、生真面目な人は「組織に忠誠を尽くすのは当たり前だ」という考えをもっているので、自ら組織コミットメントを高めてくれます。ただし、率先して組織に忠誠を誓おうとするメンバーは、規範的な行動を尊びます。そのため、上司や同僚が不正をはたらいたりサボったりして、風紀が乱れ規範が守られていないような組織では、一気にやる気を喪失します。

メンバーの組織コミットメントの違いは、職務行動にも現れます。愛着心による組織コミットメントが高いメンバーは、熱心に職務に打ち込んで良好な業績を示します。また、組織の方針や目標に沿って職務を遂行してくれます。また、忠誠心による組織コミットメントが高いメンバーも、誠実に職務に励み高いパフォーマンスを示します。一方、功利心に基づく組織コミットメントが高いメンバーは、組織に残ろうとはしますが、自分の得にならないかぎり積極的に職務を遂行するわけではありません。**適材適所を心がけるために、メンバーの組織コミットメントの持ち方についても、把握しておくようにしましょう。**

2 物事を決める際は公正に進める

愛着心や忠誠心に基づく組織コミットメントを高めるには、公正な組織であることが前提条件になります。特に、決定プロセスの透明性を高める【手続き的公正】が、重要なカギを握っています。不思議なことに、**人には決定プロセスが公正に行われていると感じられるならば、たとえそれが自分にとって不利な結果であっても、納得して受け入れる傾向があります**。ですから、組織で何かを決めるときは、管理者や一部の人間だけで勝手に決めてはいけません。必ず手続き的公正を確保するようにしましょう。そのためには次の七つのルールを定めて、正しく運用する必要があります。

①決定者の選出に関するルール

大きな組織では、執行部など一部の代表者によって決定を行います。この決定を下す人を選出するルールを決めておかなければなりません。

②報酬に関するルール

事前に、こうすれば報酬が得られ、こうすれば罰せられるという評価基準を明らかにします。後から基準を示すと、「それなら先に言え」と不満が噴出してしまいます。

③メンバーの貢献や意見を把握するためのルール

陰の努力や成果として形になり辛い業務もあります。代表者がメンバーを目に見える業績だけで評価してしまうと、協同的な体制は崩壊してしまいます。そのため、全員の貢献を漏らさずに把握する仕組みを用意しておかなければなりません。また、決定に先立ってみんなに意見を求めるシステムも必要です。

④決定プロセスに関するルール

事前に決定プロセスを公表し、現在どのプロセスにあるのかを明らかにしなければなりません。これを怠れば、メンバーは「今何をしているのだろう」と不安に思ったり、「密室で勝手に決めているのではないか」と不審に思ったりします。

⑤異議申し立てに関するルール

決定に不満があった場合は、異議や不服を申し立てるシステムを用意しておく必要もあります。現実には決定が覆されることは稀ですし、本当は納得できないものの、後々のことを考えて泣き寝入りするしかないということも多々ありますが、それでも制度自体がないのは問題外です。異議を申し立てる制度は、メンバーに独断だと思わせないために必要不可欠です。

⑥決定者の不正行為を監視するルール

ルールが全てのメンバーに等しく適応され、誰かの都合で簡単に変わることがあってはなりません。また、決定者が利害にかかわっていないことも、メンバーの公正感を高める上で重要です。

⑦ルールの改善に関するルール

もしも決定プロセスに不備が見つかった場合は、次回に向けて改善する必要があります。明らかに問題があるにもかかわらず、「一回決めたらこのままでいく」というのでは不満が出ます。逆に、大した問題もないのにころころ変えると、決定プロセスに対する信用を得ることはできません。

3　決定プロセスへの参加が決め手

手続き的公正が面白いのは、「**必ずしも自分の意見が、最終決定に反映される必要はない**」ということです。

最終決定に自分の意見がどれだけ反映されたか（【決定コントロール】）よりも、最終決定に至るプロセスにどれだけ参加できたか（【過程コントロール】）の方が、決定への納得度や評価に影響するのです。

「意見が決定に反映されなければ何の意味もないじゃないか」と、不思議に思うかもしれません。しかしながら、人間の心理を理解していれば、この現象に納得することができます。他人に勝手に決められたり、目標を押し付けられたりしたら、誰しも面白くはありません。それは、人が「自分の行動は自分で決めたい」という自己統制欲求（☞六七頁）をもっているからです。これが侵害されると、心理的リアクタンスという反発心が生まれ、**自己統制感を回復するために、わざと命令を拒否したり逆のことをしたりします**。自分の行動と同じように、メンバーはチームの決定にも積極的に関与し、自分で決めたいと思っています。「何を決めたか」よりも、「自分で決めたか」ということに人はこだわるのです。

手続き的公正は、ルールを定めて決定プロセスを透明化することで保証されます。これに加え、**メンバーに決定プロセスに関与してもらうと、彼らは最終決定に納得しそのような機会を与えてくれた組織に満足します**。以上を踏まえて、組織で何かを決定する際には、

①決定を下す代表者を正当な手続きで選出する。

②みんなに意見を求める。

③みんなの意見を踏まえて代表メンバーで話し合って決める。

④みんなに公表し異議がある場合は申し出てもらう。

というプロセスを踏むようにしましょう。こうすることで、直接・間接的に全ての決定プロセスにメンバー全員が関わることができます。

何事もメンバー全員の意見に耳を傾け、民主的に決めるように心がけてください。ただし、「民主的＝投票」と考える人もいますが、多数決は組織運営において愚策中の愚策です。なぜならば、多数派以外の意見を全て切り捨てることになるからです。とはいえ、大きな組織では、メンバー全員を決定プロセスに参加させるのは困難です。そこで、代表者選出を全員投票によって決め、議案に関する意見を公募し、代表選出の結果や決議案に対し異議を申し立てる権利を与えることで、全員参加と効率化の両立を図るのです。

23 組織人を育てる

1 組織に馴染んでもらう

新しく加入したメンバーが、組織の一員として必要な意識や行動を身に付けていくことを、【組織的社会化】といいます。社会化ができていない新人は、ルールを守れず協調的な行動もできないため、組織にうまく貢献することができません。**新メンバーの組織的社会化を促すことは、管理者にとって重要な仕事の一つです。**

組織コミットメント（☞一七八頁）が高い人ほど、組織への社会化が早く進むので、新メンバーに「この組織のために働きたい」と思わせる組織作りを心掛けましょう。組織的社会化とは、具体的には①仕事を習得し、②組織について理解を深め、③組織内で良好な人間関係を構築することです。

①仕事を習得するためには、仕事の手順を覚え必要な技術を身に着けなければなりません。さらに、組織内や業界で用いる用語や略語、符丁を覚えて使いこなせるようになれば、新人卒

業です。また、②組織を理解するためには、組織の目標や理念、価値観などを知りそれを共有します。さらに組織の伝統や習慣を知っておくことも重要です。これらは、チームの要件（☞一三三頁）の「目標共有」と「集団規範」に対応しています。**メンバーに組織について理解してもらうことは、メンバーの組織的社会化にとっても、集団を集団たらしめるためにも重要なのです。**

残る③人間関係の構築は、同僚と助け合える関係を結ぶということです。これは、チームの要件の「直接的関係」と対応しています。職場では、みんなに受け入れてもらい友好的なコミュニケーションを行える人間関係が必要です。また困ったときは、お互いで助け合う関係を築くことも重要になります。さらに、処世のためには、同僚との関係だけでなく、組織内の力関係を理解しておかなければなりません。特定の人たちと親密になり、休み時間や活動後、プライベートでも一緒に過ごすこともあるでしょう。新人の仕事の意欲や効率は、仕事熱心な人たちと仲良くなると高まりますが、不真面目なグループに入ってしまうと低くなってしまいます。そのため、**新メンバーには、なるべく向上心のある先輩や同僚と良好な関係を結んでもらうように促しましょう。**

組織社会化は、組織に入る前から行わなければなりません。多くの企業が内定者研修を行っています。近年では大学でも「接続教育」と称して、高校生が大学生になるにあたって必要な事前教育を施すことが、当たり前になっています。これらの【予期的社会化】では、職務上の知識や技能の事前学習よりも、「会社で働くとはどういうことか」や「入社後どのような業務を課せられるのか」について、心の準備をさせることの方が意味があります。心の準備を十分に行っておかないと、「思っていたのと違う……」と理想と現実のギャップに失望します。これを【リアリティ・ショック】といいます。**現実を目の当たりにしてショックを受けると、組織コミットメントがなかなか高まらず、やる気も低下して組織的社会化が大きく遅れてしまいます。**

大卒生の三年以内の離職率は、実に三割に達しています。予期的社会化がいかに重要であるかがわかると思います。インターンシップ制度などもありますが、希望していた職種や部署と実際に任された仕事や配属された部署が違うということが、リアリティ・ショックの原因の一つになります。難しいかもしれませんが、入社前に配属先や任せる仕事内容を伝えて、心の準備をしておいてもらった方が良いでしょう。

2 進んで組織のために働いてもらう

人の集まりを組織にするためには、次の四つの要件が必要です。

①地位と所属に基づく職務・職責・職権
②罰則事項を伴った規則
③誰が誰に指示を下すのか、逆に誰が誰に報告するのかという上下方向の指示命令系統
④階層的な構造によって全体を管理する体制

すなわち、**組織をシステマティックに運営するための制度を用意しなければならない**のです。このところが、組織では想定していなかった職務や誰の担当でもない仕事が絶えず生まれます。このような「やらなくても責任は問われないが、誰かがやらなければ全体に支障が出る」という仕事が生じたとき、あなたはどうしますか？

「誰かがやってくれるだろう」と知らない顔をする人もいれば、自ら率先して行動する人もいます。後者の自らの職務や役割ではないことを率先して行おうとする意識の高さを、【組織市民精神】といいます。

市民精神をシチズンシップと言い換えると、理解しやすいかもしれません。共和制ローマの

市民を想像してみてください。彼ら市民（平民）は高い意識をもって参政し、兵役と納税の義務を果たし、自ら遠征を繰り返しました。共和制ローマの市民のように、**組織では全員が組織のために責任をもち、助け合いながら職務を遂行しようとする組織市民精神が求められます。**

誠実で、責任感が強く、人助けが好きな人ほど、高い組織市民精神をもつことがわかっています。彼らは、本来自分がやらなくてもよい仕事を率先して引き受けてくれますが、こういうメンバーが組織内に少ないと仕事が偏ってしまい、一部の人間に大きな負担をかけてしまいます。そのため、組織全体の風土として、組織市民精神を高めるように努めなければなりません。

メンバーのパーソナリティによるところも大きいですが、手続き的公正（☞一八一頁）を感じているメンバーほど、組織市民精神に基づく献身的な行動をすることが知られています。それは、手続き的公正を感じることで、組織に対するコミットメントが高まるため、組織の問題を自らの問題と考えるようになるからです。指導者になったら公正な組織運営を心がけることで、**メンバーの愛着心や忠誠心に基づく組織コミットメントを高め、組織全体の組織市民精神を高めていきましょう。**

3　仕事のモチベーションを上げる

職場において、人はどのようなときにやる気になるのでしょうか。【期待理論】によれば、「期待」（やれば成功する見込みがある）、「道具性」（業績が報酬に直結している）、「誘意性」（報酬が魅力的である）の三要素が揃ったときに人はやる気になります。**人は自分には無理かもしれないと思うことをやろうとはしませんし、やっても何の得にもならないことをやろうとはしない**ということです。

この期待理論とコーチングのGROWモデル（☞六六頁）の要素が入った【目標設定理論】を用いることで、部下の職務へのやる気を高めることができます。具体的には、初めに目標と現状の差を自覚してもらいます。GROWモデルのGとRに対応し、どれだけ頑張ればいいか見通しをもってもらいます。次に、目標に対するメンバーの関与度を高めます。このステップは期待理論の「道具性」と「誘意性」に対応しており、やるべき理由をわかってもらうのです。最後に、自己効力感（やればできるという自信）をもってもらいます。このステップは期待理論の「期待」に対応しており、「やればできる！」と自信をつけてもらうのです。使いやすい手法ですので、積極的に活用してください。

また、仕事に対するやる気は、【公平理論】からも説明することができます。**人は働くときに「自分は労力に見合った報酬を得ているか」というコストパフォーマンスを気にします**。そしてここがポイントですが、人は自分のコストパフォーマンスと他者のコストパフォーマンスを比較して、自分の取り分が妥当かどうかを判断します。もしも自他のコストパフォーマンスが等しくないと感じると、やる気に変化が生じます。**「あいつはもらいすぎだ」とか「自分はあいつより報われていない」と思うと、不満に思ってやる気をなくし、手を抜き始めます**。さらに、報酬を増やすように抗議するかもしれませんし、働き以上の報酬を得ている他者を妬んで非難するかもしれません。

逆に、**「自分は人よりももらいすぎている」と思えば、負い目を感じてこれまでよりも一層努力します**。「得していると思うなら、別にそのままでいいじゃないか」と思うかもしれません。しかしながら、人は「これぐらい働いたらこれぐらい報酬を貰うものだ」という基準をもっています。そのため「もらい過ぎている」と感じると、理不尽さや負い目を感じて、心理的に不愉快な状態になります。人の行動は、心理的な不愉快さや欲求不満を解消するために生じます。そのため、他者よりもらい過ぎていると思うと、負い目をなくすために今まで以上に働こうとするのです。このような心理を把握して、メンバーのやる気を高めるのも一つの方法です。

24 メンタルを気遣う

1　職務に満足しているか

仕事を楽しいと思い、仕事を通じて得られる経験に喜びを感じることを【職務満足感】といいます。これは、「組織の方針に納得しているか」、「人事や勤務体制に不満はないか」、「職務にやりがいを感じているか」、「人間関係は良好か」、「給与や待遇は十分か」、「労働環境は良好か」などによって左右されます。**職務満足感が低い人は勤務態度が悪くなり、欠勤の回数が増え、最終的には離職してしまいます。**

あなたは今の仕事に不満をもっていませんか？　仕事や組織への不満が溜り、転職した経験がある人もいるでしょう。中には、仕事を転々としている人さえいるかもしれません。職務満足感の抱きやすさには、個人差があります。不満の原因が環境にあれば、環境を変えることで解消できるはずです。ところが、**不満を抱きやすい人は新しい環境に移っても、しばらくすると前の環境と同じように不満を漏らすようになります。**実は、職務満足感は勤務先や仕事が変わってもあまり変わらないのです！

職務に満足しやすいか不満を抱きやすいかは、その人のパーソナリティ次第です。働くことが好きな人や、社交的で楽しくにぎやかな人は、職務満足感が高い傾向にあります。一方、働くことが嫌いだったり、神経質で内気で後ろ向きだったりすると、職務満足感は低くなります。すぐに不満を漏らす人はどこに移っても同じです。**どうせ仕事をするならば、働かされているという思考を止めて、自分から仕事を見つけて、主体的に働いた方が生産的です。**もしも部下の中に、すぐに不平不満を漏らしたり、転職や離職を考えていたりする人がいたら、この事実を伝えて、なるべく今の環境の良い点を見つけて、前向きに働くように諭してあげてください。

ところで、みなさんは満足の逆が不満だとは考えていないでしょうか？　実は、**満足と不満は別物なのです。**そのため、満足しているけれど、同時に不満を感じている人もいれば、満足も不満もないという人もいます。【動機づけ‐衛生要因理論】によると、メンバーを満足させる要因は動機づけ、すなわち「やる気」です。仕事にやりがいを感じ、仕事を通じて成長していることを実感し、責任のある仕事を任せてもらっていると感じると、仕事に対するやる気が湧き、職務満足感も高くなります。一方、メンバーを不満にさせる要因は衛生、すなわち職場の「環境」です。給与が十分でなく、上司・同僚に恵まれておらず、作業環境が劣悪だと、職務に対して不満を感じます。

また、【認知的評価理論】によると、**人は他者から自らの仕事を評価されるとやる気になり、やらされたと感じるとやる気をなくします。**ですから、なるべく仕事を押し付けるのではなく、部下の希望を踏まえて、相応しい役割を与えるように心がけましょう。役割を与えるということは、課題だけでなく責任と権限も与えるということです（☞一四二・一四三頁）。自分に合った役割を与えられると、メンバーはやりがいと責任を感じます。また、仕事を無事やりとげると、達成感が得られます。達成感をより高めるために、うまく役割を果たしたメンバーをほめて、評価するようにしましょう。

2　職場でストレスを抱えていないか

働いているとストレスが溜まってきます。職場ストレスは「労働環境」（作業環境が劣悪、ノルマや納期がシビア）、「組織内の立場」（役割が曖昧、上司と部下の板挟み）、「出世の遅れ」、「社内の風潮」（ワンマン経営、派閥争い）など、さまざまな原因によって引き起こされます。

その中で、**最も大きな職場ストレスの原因が「職場の人間関係」**です。近年、職場内のいじめや組織や上司からのハラスメントが、大きな社会問題になっています。また、職場に仕事のことで相談できる人やサポートしてもらえる人がいないのは、精神的に辛いことです。職場の人間関係は、大きなストレスを生み出す一方で、職場ストレスを軽減するはたらきももっているのです。特に、家族や友人、同僚よりも、**上司からのソーシャル・サポートが、職場ストレスを軽減させる上で最も効果があります**。

ソーシャル・サポートには、【道具的サポート】と【情緒的サポート】があります。道具的サポートとは、相手が必要としている資源を提供したり、情報を与えたり、実際に手を貸してあげたりすることです。一方、情緒的サポートとは、心の傷を癒し、自尊感情を取り戻させ、やる気を出してもらうことです。人の上に立ったら、職場の雰囲気を受容的にして、同僚同士が助け合う環境を作るように努めましょう。もしも悩んでいる部下がいたら、相談に乗って、コーチングのテクニック（☞第三章）を用いてより良い方向に導いてあげましょう。

人間関係に次いでストレス源になるのが、「仕事内容に対する不満」です。【個人－環境適合モデル】によると、求められる仕事の質や量が個人の能力と見合わないときに、人はストレスを感じます。すなわち、**過重労働ややりがいのない仕事を任されると、職場ストレスが高くなる**ということです。

ポイントは「仕事の適合度は本人の主観による」ということです。得意な仕事は負担が軽く見積もられ、慣れない仕事は負担が重く見積もられます。そのため、慣れない仕事を任せるときは要求水準を低くしておき、慣れるにしたがって高くしていくようにすれば、職場ストレスを防ぐことができます。

人はストレスが高まると、自律神経が失調して軽度うつ（自律神経の失調状態）になってしまいます。軽度うつは心の風邪ともいわれるように、誰でも容易にかかります。その分、適切に対処すればすぐに治ります。しかしながら、対処せずにストレス状態が続くと、心臓疾患が発症したり、神経を病んで神経症になったりします。軽度うつになると心に余裕がなくなるので、周りの人はすぐに気づくはずです。「最近元気がないな」とか「やる気をなくしているな」という人や、ちょっとしたことでイライラして攻撃的になる人がいたら、**受容的な態度で接するように心がけ、コーチングの傾聴と質問のテクニック**（☞五九～六三頁）**をうまく使って、おちついてもらいましょう。**ただし、傾聴と質問より先のコーチング（目標設定や要望など）は、相手を余計に追い込んでしまうので、この時点では行ってはいけません。

3　部下を燃え尽きさせてはいけない

モチベーションとセットで知っていてほしいのが、【バーンアウト】です。燃え尽き症候群ともいいます。これは、急に燃え尽きたように意欲を失ってしまい、うつ状態になる心の病気です。いい加減な人ややる気のない人よりも、**やる気に満ち溢れた精力的な人や責任感の強い人の方がバーンアウトになりやすい**ので注意が必要です。このような人がオーバーワーク状態になると、だんだんと心身ともに消耗していきます。特に、他者から強制的に押し付けられた業務ではなおさらです。さらに、「与えられた役割が自分の能力や性格と合っていない」、「職場の人間関係に悩まされている」、「仕事にやりがいを感じられない」などと悩んでストレスが蓄積することでも、バーンアウトになります。また、これまで順調な人生で大きな挫折をしたことがない人も危険です。こういう人は何かに躓いただけで、そのまま立ち直れずにやる気を失ってしまいます。

バーンアウトの典型的な症状は、身体の疲労がなかなか取れなくなり、精神的にも疲れていると強く感じることです。達成感も後退し、自分のやっていることは無意味ではないかと感じるようになります。そうすると仕事もいい加減になり、顧客や取引先、同僚などに対してあらぬ敵意を抱くようになります。また、相手に関心をもたず、機械的な対応をするようになります。**バーンアウトになったまま仕事を続けると、大きなミスを犯したり、仕事を辞めたりしてしまいます。**組織やチーム全体にとって大きな被害に繋がりますので、管理者として十分に配慮するように心掛けてください。

メンバーがこのような状態になったら、今の仕事からしばらく離れて、休息してもらいましょう。ある程度落ち着いたら、上司の理解と同僚のサポートを整えた上で、本人がやりがいを感じられる仕事の中から責任の軽いものを選んで任せます。余裕をもって仕事をこなしてもらい、達成感を得ることで自信をつけさせるのです。そうすれば、再びやる気と自信を取り戻してくれます。**部下に仕事の余裕と達成感を与えることは、バーンアウトからの回復だけでなく、予防する上でも重要です。**

バーンアウトになる人は仕事を一人で抱え込み、責任を感じて自分で自分を追い込んでいきます。義務感と焦燥感に駆られて仕事をするので、達成感もなかなか得られません。部下をバーンアウトさせないような良い職場環境を用意することが、管理者には求められます。

Chapter 9

組織を管理する

こういう人に

◉ 部下をうまく管理できない

☞25 部下をうまく管理するには

◉ 部下の心をつかむには？

☞26 部下の心をつかむ

◉ 組織に貢献してもらいたい

☞27 部下の貢献を引き出す

25 部下をうまく管理するには

1 古典的管理論

産業革命の前、家内制手工業のころは規模も小さく、その都度管理者の判断で事案を処理し、労働者を管理する方法でも通用しました。チームレベルの管理で済んでいたのです。ところが、機械化が進み**多くの労働者を雇うようになってくると、自由裁量による管理では弊害が目立つ**ようになってきました。この弊害を解消するために生まれたのが、【組織管理論】です。

組織管理論は、科学的な根拠に基づく体系的な管理を目指した【科学的管理法】から始まりました。その**大きな特徴は、作業プロセスの合理化と、メンバーをやる気にさせる方法にあります**。

作業プロセスを合理化するために、作業工程を動作単位にまで分解し、全てにおいて最適な道具や姿勢を定めることで、作業員の負担を減らそうとしました。人間工学に基づく作業環境の整備といって良いでしょう。この方法の下ではメンバーは一切の無駄を廃した工業用ロボットのように、徹底して効率的な動作で作業をこなすことが求められます。

メンバーの動機づけについては、【差別出来高給制度】を推奨しました。これは標準的な作業量を割り出した上でそれをノルマとし、その達成状況によって賃率を変えるというものです。しっかり働けばそれだけ賃金が増えるので、メンバーも頑張るだろうという発想です。

作業の標準化は人間工学に基づくといえば科学的といえますし、出来高給についてもオペラント条件付け（☞三五頁）に基づいているといえるでしょう。ただし、金品による報酬は「この仕事自体が楽しいからがんばろう」という前向きな気持ち（内発的動機づけ）を削ぐことは、05で説明した通りです。この管理法は確かに科学的ではあるのですが、組織管理かといわれると疑問が残ります。**科学的管理法は、個々の作業員を歯車として効率的に働かせるための方法**といえるでしょう。

次に登場したのが【管理過程論】です。これは、「管理は部局単位でも行われる」という着想によります。**階層的な組織では、管理は組織のトップだけでなくそれぞれの部局長も行っている**わけですから、この考え方は組織管理の方法として期待できそうです。実際、管理過程論は今でも通用する考え方ですので、しっかりと理解しておきましょう。

管理行動は五つのステップからなります。

①計画を立てる。

部局長になったら、初めに共通の目標を立て、それを実現するための無理のない計画を立てます。目標の設定については、一三九頁を参照してください。

②人や資源を有効に配置する。

次に、計画を遂行するために必要な課題を設定し、適切な人材を配置し、必要な資源（時間・資金・道具など）を準備します。

③指示を出す。

その上で適切な指示を与えます。ただし、チームや人に役割を与えるということは、権限も与えるということを忘れてはいけません（☞一四二・一四三頁）。役割を与えたら、あれこれと指示を出し過ぎないようにしましょう。

④全体の活動を調和させる。

組織やチーム、個人で課題を分担して仕事を始めると、うまく進んでいるところもあれば、問題を抱えるところも出てきます。また、メンバー間で意見が衝突したり、一方の課題遂行が他方の課題遂行を妨げたりする事態も発生します。そこで全体の進捗状況の把握に努め、葛藤が生じた場合はそれを解決し、調整を行います。

⑤問題点を改善する。

プロジェクトを進めていく中で、計画や配置に問題が見つかったら、その改善を図ります。

以上、組織を管理する際は、この五つのステップを忘れずに行ってください。

2　徹底して合理的な管理制度

古典的管理法の最後を飾るのが【官僚制】です。これは国家官僚制をモデルに構築されたもので、形式的合理性の論理に基づく支配形態です。官庁や役所などの公的組織は、おおむね官僚制を採用しています。大企業でも官僚制になっているところが多数あります。きっちりとした人や権威主義的な人にとって、官僚制は理想的な組織制度のように映るでしょう。しかしながら、**あまりにも厳然とした制度は組織の硬直化を招き、多くの弊害を生み出してしまいます。**

官僚制の特徴は①権限・階層、②専門化・分業、③業績重視、④規則・手続き、⑤非人格的手続きの五つです。

①権限階層と②専門化・分業に関して、官僚制ではメンバーは自分の役職に応じた課題を遂行することに尽力し、それ以外のことには口出ししてはいけません。機能的役割の相補性（分

⑲）や組織市民精神（☞一八九頁）は、チームの柔軟性を維持するために必要不可欠です。ところが、官僚制ではそのような裁量的判断が一切禁じられています。

③業績重視は、結果が全てという考え方です。個人の評価、昇進・昇格は、仕事上の業績を基準に客観的に判断します。これによりえこひいきなど恣意的な評価を排除します。徹底させるならば、事前に明確な基準を定めておく必要があります。業績を上げている人ほど組織での影響力が増すので、メンバーは業績を上げることを最優先に考えるでしょう。

④規則・手続きは、チームの要件の「集団規範」（☞一四四頁）とは別物です。集団規範は暗黙の了解のうちに醸成されます。対して、官僚制組織では、全ての手続きやルールが明確に決められています。そして、この手続きを踏まないものは全て無効になります。何かを申請するにも報告するにも、全てきっちりとした書類を作って、順に決済を仰いでいかなければなりません。また、規則に少しでも反すると厳格に処分されます。

⑤非人格的手続きとは、全ての業務を機械的にこなすということです。そこに、私情や個人的な考えを挟んではいけません。

みなさんも役所の窓口で何か手続きをしようとしたときに、仏頂面で親切心のかけらもないような対応をされた経験はないでしょうか？　また、紋切り型の対応でたらい回しにされるなど、融通の利かない対応をされたことはないでしょうか？　近年は少なくなってきましたが、それは非人格的手続きによるものです。融通を利かせることが禁じられているのです。

以上、**官僚制は合理性を追求するために「人の心」という不合理なものの介入を排除します。**システムとしては非常に合理的ではありますが、現実において効率的に機能するのかというと、それはまた別の話です。権限の上部集中とメンバーの自由裁量の減少は、組織を硬直化させ、常に緊張した状態をもたらします。人間の組織は、合理的な管理を強いれば強いるほど非効率的になり、さまざまな問題が生じるのです。

3　組織を機能不全にさせるには

官僚制を語る上で避けて通れないのが、【逆機能】です。逆機能とは、官僚制によってもたらされるさまざまな組織管理の弊害のことを指します。

官僚制では何よりも手続きを重視しますが、規模の大きな組織では扱う業務も多岐にわたり、部局の階層構造も複雑です。それに併せて、手続きの方も複雑になり量も増えていきます。すると、手続きを守ることに多くの労力が割かれ、手続きを守ることが最大の目的になってしまいます。**効率化のための手続きが、業務を非効率にしている**のです。また、手続き主義の中で働いている人は、「手続きから外れたことをしてはいけない」と教育されています。そのため、イレギュラーな出来事が発生すると、途端に機能停止してしまいます。

第二次世界大戦において、アメリカの諜報機関はレジスタンス活動支援マニュアルを作成しています。その中の一つに、組織を機能不全にする方法を紹介したものがあります。皮肉なことに、組織を機能不全にする第一手は、「手順を重視し、規則を細部にまで適用し、全ての情報伝達を正式な文章の形で行うように主張する」ことです。これらはいずれも官僚制にとって正論ですので、誰も反対することはできません。

また、何でもかんでも会議を開いて議論をした上で決定するように主張します。官僚制の組織では、個人の裁量や融通がほとんど認められていないため、会議がとても重視されます。⑯で説明した通り、チーム活動ではさまざまなプロセス・ロスが生じ、それがパフォーマンスを低下させます。さらに、「集団極化」や「集団思考」といった集団の負の行動法則（☞一四七～一四九頁）が作用します。**官僚制は徹底すればするほど、時間や労力が無駄に浪費されてパフォーマンスは落ち、誤った方向に組織が突き進んでいくリスクが高くなる**のです。

何らかの組織に属しておられる方は、読んでいて思い当たる節がいくらでもあったかと思います。すぐに会議を開こうとしたり書類を求めたりしてくる人に、それは「逆機能だから改めるべきだ！」と指摘したくなりませんでしたか？

しかしながら、このような人にとって規則こそが正義なので、逆機能の意味を理解することはありません。みなさんが大きな組織を管理する立場になった際は、**組織の硬直化と非効率化を避け、逆機能に陥らないように心がけましょう。**

26 部下の心をつかむ

1 仲良しグループを見抜く

古典的な組織管理論（☞25）は、従業員を管理者の命令に忠実に従う部品とみなし、部品が互いに関連して動くことで組織が機能するはずだという考えでした。よく「組織の歯車になって……」という言い方がありますが、まさにそのノリです。私たちは多かれ少なかれ、組織の歯車として毎日ギシギシ音を立てて働いています。歯車の立場から考えれば、そんな非人間的な方法で人を動かせるわけがないことは、自ずから明らかです。案の定、この考え方はうまくいきませんでした。理由は簡単です。**従業員は必ずしも管理者の思うようには動かない**からです。これを受けて、人間的な側面を重視する組織心理学が生まれました。

組織心理学は、【人間関係論】から始まりました。この理論は、組織内に形成される【非公式集団】（インフォーマルグループ）に注目します。非公式集団とは、メンバーたちが勝手に作った仲良しグループのことです。利益や勝利などの目標に向かって努力しなければならない組織において、なぜ仲良しグループが出てくるのか不思議に思うかもしれません。実は、【ホーソン研究】と呼ばれる「労働環境と作業効率の関係に関する一連の研究」によって、仲良し集団の質が職場の作業効率に大きく影響することが明らかにされたのです。

あなたが快適に働くためには、どのような職場が理想でしょうか？　職場の照明は明るい方がよいでしょうし、温度も快適な方が良いでしょう。労働時間も適度に休憩時間がある方がよいでしょう。当然、賃率は高い方が良いに決まっています。ホーソン研究も、このような仮説を立てて実際の工場において検証しました。ところが、**物理的な労働環境よりも、心理的要因の方が作業効率に影響する**という結果が得られたのです。

組織管理論では、人を「命令に忠実に従う部品」とみなします。一方、組織心理学では、人を「自律的に活動するもの」と捉えます。人間なのですから、何をどのようにどの程度やるかを自分で考えて動くのは、当たり前のことです。この当たり前の発想が、組織管理論では軽視されていたのです。部下が自分のいうことを聞かないと嘆いている人は、そもそも**「人を自分の思惑通りに動かす」という発想を捨てなければなりません**。

人はそれぞれ、自律的に動いているのです。ですから、管理者は全体の調整役となり、メンバーが気持ち良く働ける環境を提供するように努めます。メンバーを一人の人間として尊重し、職場の人間関係を受容的で良好な雰囲気にします。そうすると、メンバーたちの中に組織への愛着心が生まれます。組織コミットメント（☞一七八頁）が高まり、それが一人ひとりのやる気を招きます。それが結果として、チーム全体のパフォーマンスを向上させることになります。

また、**作業ペースや仕事の質は、組織が公的に定めた規則よりも、仲良しグループの集団規範の影響を強く受けます**。メンバーたちの休み時間や仕事の後の行動を、よく観察してみてください。組織やチームの中には、いくつかの仲良しグループがあることに気づきます。仲良しグループは派閥的な役割を果たします。仲良しグループの中には、上司と良好的な関係をもち仕事熱心なメンバーの多い集団もあれば、上司と距離を置いて最低限の仕事で済ませている人ばかりの集団もあります。これは、それぞれのメンバーが、所属する仲良しグループの集団規範（☞一四四頁）に同調しているからです。

2　管理者は組織のコーディネーター

組織やチームのパフォーマンスを向上させるためには、**仕事熱心な仲良しグループを支持しつつ、不真面目な仲良しグループを懐柔していかなければなりません。**どのような集団も、他者に影響を与えるリーダーと、影響を受けている取り巻きによって構成されています。そこで、初めに他者に悪い影響を与えているリーダーを特定します。そして、その人と良好な関係を築き、味方に取り込むように努めます。そうすることで、そのリーダーが影響を与えている仲良しグループごと、味方に引き込んでしまいます。一人の人間を味方にすることで、反体制派を体制派に変えてしまうのです。感情的な対立があって、どうしてもそのリーダーを取り込むことができない場合は、その人を組織から外すか、またはその仲良しグループを一人ずつ切り崩していくしかありません。

前述の通り、人間関係論において**管理者の仕事は調整役**です。リーダーシップに関するＰＭ理論（☞一一三頁）でいえば、Ｍ型のリーダーシップが求められます。

①メンバー一人ひとりを尊重し、組織内に受容的な雰囲気を作る。
②メンバーから支持されるように務め、力になってくれる仲良しグループを増やす。
③もしも反発する仲良しグループがあれば、そのリーダーを中心に懐柔を図る。

これが、人の心をつかむ管理法です。

「部下から支持される方法がわからない」とか、「自分は怖がられるタイプだから」と思っている方もいるでしょう。支持される方法は一つではありません。慈愛に満ちてサポーティブな「母親」タイプの人もいますし、「少し怖いところがあるけど頼りがいがあって、いつも自分たちのことを気にかけてくれている」という「親分肌」の人もいます。中には、「抜けたところがあっていつも部下からいじられているけれど、愛嬌があって憎めない」という「愛されキャラ」タイプの人もいるでしょう。部下から尊敬されたり慕われたりすれば、その人気の高さを背景に自由に影響力を行使することができます。**部下の心をつかむために、自分のパーソナリティに応じた魅力を見つけましょう**。

さて、**部下に自主的に仕事をしてもらうには、やる気にさせればよいだけです**。その具体的なテクニックは、02をはじめ多くの章で紹介してきました。それらをおさらいすると、次の通りになります。

まず、役割を与えます。権限と責任を与えることは、「私は君を評価し信頼している」というメッセージになりますし、メンバー自身もやりがいを感じるでしょう。もしもうまく課題を達成したら、しっかりとほめます。みんなの前でほめると、その人の部局内における社会的ステータスも上がります。他のメンバーも、その人を模範にするかもしれません。そして、今度は前よりも少しだけ難しい新たな役割を与えます。

このサイクルによって、部下のモチベーションを高めていき、経験を積ませて育てていきましょう。それにより、個人とチームの両方のパフォーマンスが向上していきます。

3 部下の職種に合わせて管理する

コーチング心理学やカウンセリング心理学は、性善説を前提とし、「人は自己実現しようという欲求をもち、自ら向上していこうとする」と考えます。今から紹介する【新人間関係論】は、メンバーが自己実現欲求を満たすことができる組織管理を目指します。

この理論は、**メンバーの性質によって相応しい管理の仕方がある**と考えます。それが【直接統合】と【間接統合】です。直接統合は、個人が組織全体に関わる重要な仕事に従事し、意思決定に参加できるシステムを導入することで、個人と組織を統合するというものです。前半は「課題・責任・権限のセットである役割を与える」ということ、後半は「何かを決めるときは必ず全員の意見を吸い上げるようにする」ということです。これらは、これまでにも何度も説明してきました。直接統合は、いわゆる一般サラリーマンや工員など組織人を管理するための方法です。

直接統合のポイントは、メンバーの個人的な成長や自己実現と、組織の利益や発展を両立させることです。働く人たちが生きるためや家族を養うために働いているのは確かですが、多くの人は仕事そのものにやりがいを求めています。直接統合では、仕事を通して成長していると感じてもらえるように、適切な役割を与えなければなりません。誰にでもできるつまらない役割を任すのではなく、そのメンバーにとって少しチャレンジングな役割を与えるようにしましょう。

これについては、【発達の最近接領域】（図9・1）の考え方で説明すると、わかりやすいと思います。一人でできることをしてもらっても、人は成長しません。そこで、「誰かのサポートがあれば何とか達成できる領域」（最近接領域）の役割を与えます。周りのサポートを受けながら取り組むことで、やがてこの領域が「自分一人でできる領域」に変わります。すると、その周辺の「どうやってもできない領域」が、新たな最近接領域になります。こうして一人でできる領域（＝能力）を拡げていくのです。

本人も、仕事を通じて自分が成長していると実感することができます。仕事ができるようになると面白味を感じて、仕事を通して自己実現を図ろうという欲求が芽生えます。内発的動機づけによって（☞三四頁）、意欲的に仕事に取り組むわけですから、組織全体のパフォーマンスも向上します。**メンバー一人ひとりが仕事にやりがいをもつことが、組織全体の利益に直接結びついている**のです。

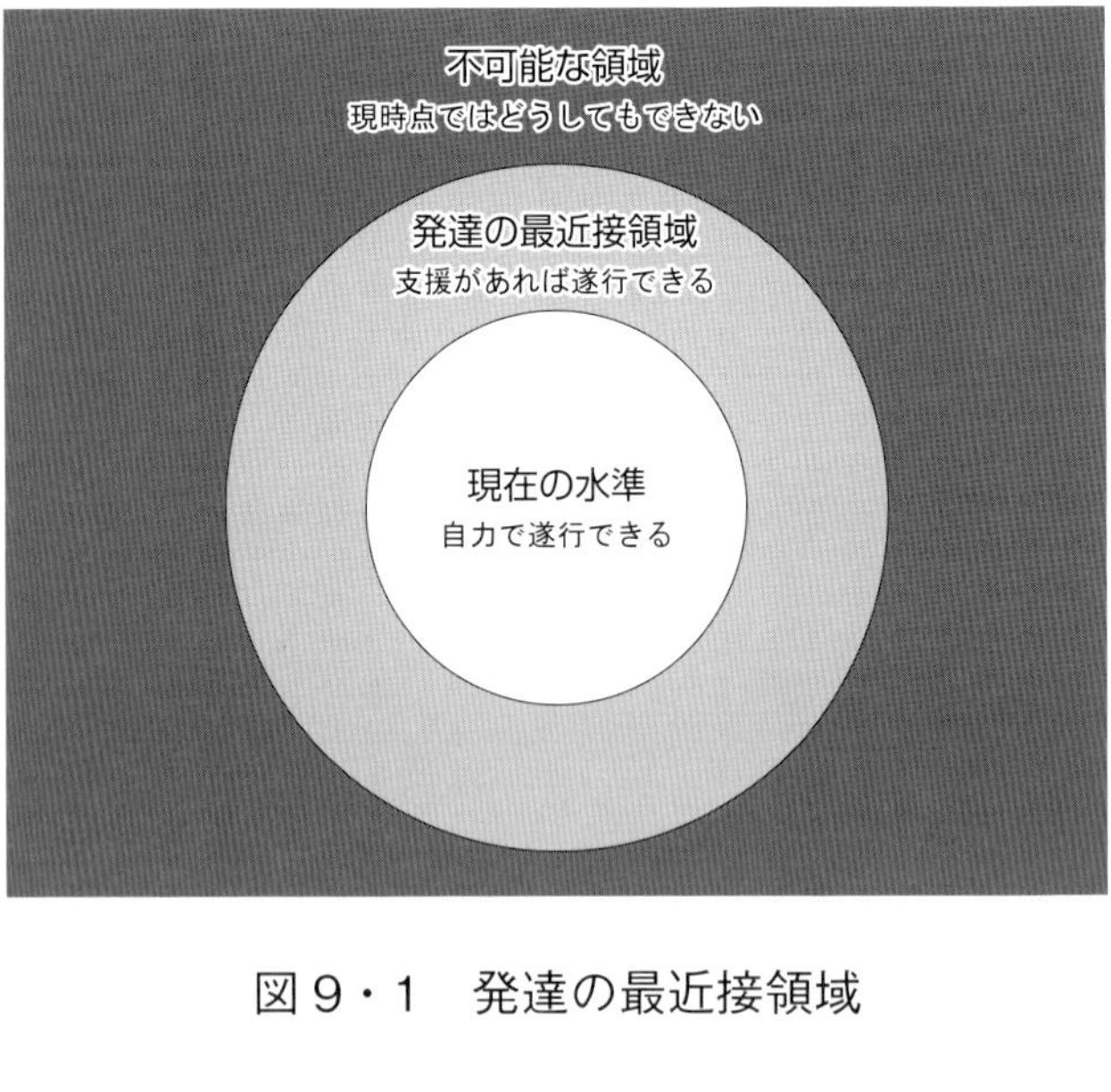

図９・１　発達の最近接領域

直接統合は組織人（一般人）向けのオーソドックスな管理方法でした。これに対して、間接統合は職業人向き、すなわちプロフェッショナルに対する管理方法です。研究者や大学教員にもいえることですが、専門家は組織の利益という発想が実に希薄です。彼らは、自らの活動が（組織内で行っているにもかかわらず）自らの業績に直結していないと、不満を抱きます。そこで、**専門家に対しては、「個人が自分の業績を挙げることが結果として組織の利益になる」という間接的な結合を図ります**。研究者にとって、研究成果は何よりも重要です。にもかかわらず、自分の業績を少額のボーナスや報奨金で会社に取り上げられたとしたら、どう思うでしょうか。企業研究員でも、心からそれに納得する人は少ないでしょう。

間接統合では、職業人が思う存分活動できる環境と資源を用意し、できるだけ自由に働いてもらいます。まともな職業人ならば、ほっておいても作業や研究に没頭します。出てきた成果から新商品を開発することができれば収益が生まれますし、企業の知名度も向上します。スポーツ選手も同様です。チームプレイは大事ですが、個々のプレイヤーにとっては自らの成績が最も重要です。全員のプレイの質が高ければ、結果としてチームは好成績を収めることができます。職人気質をもったメンバーを使う職場も同様です。一人ひとりが自らの技能をフルに発揮できる環境を用意すれば、あまり言うことを聞こうとしない職人も満足して働きます。

以上、新人間関係論は、自己実現欲求という人の心理を尊重することで、メンバーに自発的に組織に貢献してもらう管理法なのです。

27 部下の貢献を引き出す

1 報酬によって貢献を引き出す

次に紹介する【組織均衡論】は、「人は自分の貢献（コスト）に見合う報酬を得られる関係に留まり、見合わない関係から離脱する」という考えが基本です。親密な関係に基づく人間関係論や、向上心を尊重する新人間関係論（☞二一四頁）と比べると、**組織均衡論は損得勘定から組織に貢献させようとするもの**です。組織均衡論は（性悪説的な）人間の性質を踏まえた自然な管理法といえるかもしれません。

人間はなるべく楽をしようとする生き物なので、物事を考える際もなるべく楽をしようとします。そのため、物事を正しく客観的に把握・分析し、合理的な意思決定を下すことは、思ったほどできません。これを【限定合理性】といいます。**この個人の認知的な限界を克服するために、人々は組織を作って協同し、ディスカッションによって合意形成を図る**のです。集団プロセスでは多くのロスが生じますし（☞一二八〜一三〇頁）、集団極化現象や集団思考（☞一四七〜一四九頁）が生じるリスクも高まりますが、集団には集団の利点があるのです。

人は「自分一人よりも組織全体で活動した方が自分の欲求を満たすことができる」と判断すると、組織に所属して活動します。組織に所属する価値があるのかどうかを考え、価値があるならば残り、価値がないならば抜けようとしますが、その価値判断の基準は、組織に対する貢献に見合った報酬が得られているかどうかです。そのため、組織が存続できるかどうかは、「所属する人たちを満足させるだけの報酬を出し続けることができるかどうか」にかかっています。

組織に対する満足感を上げるためには、適切な報酬を与えなければなりません。人は金銭だけでなく、達成感や名誉を求めて働いています。また、内発的動機づけ（☞三四頁）の高い人は、仕事自体が楽しいからという理由で働いています。達成感や名誉を与えるためには、「ほめる」という報酬が一番です。「ほめる」ことは、内発的動機づけを高めるためにも有効です。それに、与えられる金銭には限度がありますが、「ほめる」と「感謝する」には限度はありません。この無限の資源である**ほめると感謝をフル活用することで、メンバーの報酬感を高めるようにしましょう。**

組織均衡論は、組織を成立させる要件として①伝達、②貢献意欲、③共通目的を挙げています。チームの要件（☞一二三頁）と基本的に同じです。強いていえば、組織均衡論は報酬によってメンバーの貢献を引き出すことを重視しているので、モチベーションに関わる②貢献意欲を挙げている点が特徴的といえるでしょう。

2 報酬を抑えて貢献を引き出す

「メンバーと組織では、報酬や貢献に関する評価がイコールではない」ということを理解すれば、少ない報酬で貢献を引き出すことができます。組織が給料を上げたり職場環境を改善したりしても、それらがメンバーの望むものでなければ、報酬としての価値はあまりありません。

一方、メンバーが一生懸命貢献していると思っていても、組織がそのような貢献を求めていなければ、労力に対する評価は低くなります。これを逆手にとれば、**組織と個人の認識のズレをうまく利用することで、最小の報酬で最大の貢献を引き出す**ことができます。

例えば、人は得意なことや自分がやりたいことに対しては、貢献感を低く見積もる傾向があります。そのため、なるべく本人の得意な仕事や、やりたい仕事を任せるようにしましょう。そうすると、少しの報酬でも、進んで働いてくれます。ただし、近年ではこのような方法のいきすぎが「やりがい搾取」と呼ばれ、社会問題化しているので注意が必要です。

また、報酬を用いずに貢献を引き出すことも可能です。その方法は、メンバーの組織コミットメント（☞一七八頁）を高めたり、罰則を与えたりすることです。組織コミットメントには「愛着心」、「功利心」、「忠誠心」の三種類があります（☞一七九～一八一頁）。功利心は報酬と密接に関係しており、組織均衡論の核に当たる部分です。残る**愛着心と忠誠心を喚起することで、進んで組織のために力を尽くしてもらえるように促す**のです。

罰則については、これを用いると貢献度は上がるかもしれませんが、メンバーの満足度ややりがいは低下してしまいます。長期的にみれば、**最低限のノルマを達成できなかった場合のみ罰則を適用し、なるべく報酬を与えるように心がけましょう。**あたりまえですが、このような罰則は労働基準法に則った就業規則を適切に定めた上で公正に適用しなければなりません。

ノルマについては、**【目標管理制度】**を導入すると良いでしょう。これはメンバー自らが目標を主体的に設定し、その目標を達成した程度に応じて個人を評価するというものです。こうすることで、本人のやる気次第で、いくらでも報酬を伸ばすことができます。また、自ら設定したノルマなので、もしも達成できなくても、その責任は自分自身にあります。そのため、文句は言えませんから、組織や上司に対する不満を抑えることができます。

また、重要な役割を与えることでも、やりがいを高めることができます。ただしその際には、**努力すれば必ず達成できるような役割を与え、しっかりとサポートしてあげてください。**不達成という失敗体験はやりがいを低下させてしまい、メンバーの負担感を高めてしまいます。

3　管理者の人間観が管理手法に影響する

最後に、みなさんは人間とはどのような生き物だと思っているでしょうか?

組織管理には①合理的経済人、②情緒的社会人、③自己実現人、④複雑人という四つの人間観があります。

①合理的経済人という人間観は「科学的管理法」(☞二〇二頁)や「組織均衡論」(☞二一八頁)に色濃く反映されています。これらの理論では、「人間は本来不正直で怠けようとする一方、金銭的報酬が最大になるように行動する存在」とみなします。すなわち、「人はなるべく

楽をして得しようとする」ということです。このような人間観に基づけば、**作業や時間を徹底的に管理して怠けるのを防ぎ、賃金制度を出来高制にして労働意欲を高める**のが、最善の策ということになるでしょう。これは、「金品や罰を与える外発的動機づけ」です。

②情緒的社会人という人間観は、「人間関係論」（☞二一〇頁）の中に見て取れます。「人間は集団内の人間関係を重視し、その影響を受ける」という考え方です。すなわち、「人は誰でも所属と愛情の欲求や自尊感情の欲求をもっているので（☞二九・三〇頁）、他者に受け入れられ、承認されたいと思っている」ということです。このような人間観では、**組織内に受容的でサポーティブな人間関係を作って、組織に対する愛着心を高め、称賛と名誉を与えて承認する**ことを良しとします。これは、「ほめて育てる外発的動機づけ」です。

③自己実現人という人間観は、マズローやロジャースの人間性心理学（☞三一頁）と共通しており、「新人間関係論」（☞二一四頁）の考え方に反映されています。「人間は自分の可能性を十全に発揮することを望み、自ら内発的に動機づけられる」と考えます。これは、自己実現の欲求（☞三〇・三一頁）を仮定した性善説的な人間観です。そのため、管理者や組織は、無理にメンバーを動機づける必要はありません。メンバーが自己実現するために、**やりがいや達成感、自己成長感を得られるように心がける**のです。

このように、人間観によって人のやる気を引き出す方法は大きく異なってきます。ただし、当たり前のことですが、部下や指導生の人間性は多種多様です。単一の人間観で指導や管理ができるほど、人間は単純ではありません。そこで、④複雑人という人間観が生まれます。すなわち、「**人間の価値観は人それぞれなので、相手の欲求や能力に応じて管理方法を変えていかなければならない**」ということです。オレ流を標榜する上司ほど、部下にとって迷惑な存在はありません。みなさんも、「複雑人」という人間観をもち、相手に合わせて柔軟に管理方法を変えるように心がけましょう。

さいごに

さあ！「心をつかんで人に動いてもらうテクニック」はこれで全てです！

一回通読しただけでは、「心理学的に人を導くには、こんなにやるべきことがあるのか」と驚いたり、「概念がいっぱい出てきて頭に入りきらないよ」と嘆いたりしたかもしれません。そのような方は、本書を二度三度と読み返してみてください。すると、個人を指導するのも、チームを率いるのも、組織を管理するのも、基本的なことは共通していると気づくはずです。全九章二七節は独立しているのではなく、前に出てきたことが後で何度も登場しています。後半になるにつれて「（☞＊＊頁）」という参照がどんどん増えていくのはそのためです。

本書が紹介したテクニックに、完全に理解してからでないと実践できないものはありません。今あなたが置かれている状況で、すぐに使えるテクニックから積極的に活用していきましょう。慣れないうちは試行錯誤しながらになるでしょうが、すぐに効果を実感することができます。すると、次第に臨機応変にテクニックを使い分け、状況に合わせて応用できるようになります。ぜひ実践を通して「人を導く心理学の技術者」になってください。

参考文献一覧

石橋里美（二〇一二）『キャリア開発の産業・組織心理学ワークブック〔第2版〕』ナカニシヤ出版

越智啓太（二〇一五）『サボタージュ・マニュアル―諜報活動が照らす組織経営の本質』北大路書房

亀田達也（一九九七）『認知科学モノグラフ3 合議の知を求めて―グループの意思決定』共立出版

外島 裕・田中堅一郎〔編〕（二〇〇七）『臨床組織心理学入門―組織と臨床への架け橋』ナカニシヤ出版

高木 修〔監修〕／田尾雅夫〔編集〕（二〇〇一）『シリーズ 21世紀の社会心理学2 組織行動の社会心理学―組織の中を生きる人間のこころと行動』北大路書房

チェマーズ、M・M／白樫三四郎〔訳編〕（一九九九）『リーダーシップの統合理論』北大路書房

中野民夫〔監修〕／三田地真実〔著〕（二〇一三）『ファシリテーター行動指南書―意味ある場づくりのために』ナカニシヤ出版

西垣悦代・堀 正・原口佳典（二〇一五）『コーチング心理学概論』ナカニシヤ出版

蜂屋良彦（一九九九）『集団の賢さと愚かさ―小集団リーダーシップ研究』ミネルヴァ書房

平澤知穂（二〇一四）『オフィスコミュニケーショントレーニング―みる、きく、問う、伝えるために』ナカニシヤ出版

本山雅英（二〇一四）『大学生のためのコーチングとファシリテーションの心理学』北大路書房

吉田俊和・松原敏浩〔編著〕（一九九九）『社会心理学―個人と集団の理解』ナカニシヤ出版

山内弘継・橋本 宰〔監修〕／岡市廣成・鈴木直人〔編〕／青山謙二郎〔編集補佐〕（二〇〇六）『心理学概論』ナカニシヤ出版

American Psychiatric Association〔編〕／日本精神神経学会〔日本語訳監修〕（二〇一四）『DSM-5 精神疾患の分類と診断の手引』医学書院

フジモトマナブ（藤本　学）
博士（人間科学）
立命館大学教育開発推進機構・教授

対人行動学を専攻し，コミュニケーション・スキル，グループ・ディスカッション，対人関係の機能などに関する基礎的研究を行っている。また，近年得られた知見を活用し，ホームレスの就労自立支援や看護師・看護学生のコミュニケーション・スキルの育成に向けた実践的取組に力を入れている。

心をつかめば人は動く
人を導くチカラをつける 27 の心理学

2017 年 7 月 22 日　初版第 1 刷発行
2024 年 9 月 30 日　初版第 6 刷発行
定価はカヴァーに表示してあります

著　者　フジモトマナブ
発行者　中西　良
発行所　株式会社ナカニシヤ出版
〒606-8161　京都市左京区一乗寺木ノ本町 15 番地
Telephone　075-723-0111
Facsimile　075-723-0095
Website　http://www.nakanishiya.co.jp/
Email　iihon-ippai@nakanishiya.co.jp
郵便振替　01030-0-13128

印刷・製本＝ファインワークス
装幀＝坂口大介（CAELU DESIGN OFFICE）

ISBN978-4-7795-1183-7